全国技工院校新能源汽车检测与维修专业教材
（中／高级技能层级）

新能源汽车概论

人力资源社会保障部教材办公室　组织编写

主　编　李辉学
副主编　马　强

中国劳动社会保障出版社

简介

本书主要内容包括新能源汽车概述；电动汽车“三电”系统，即动力蓄电池、动力驱动系统、电机控制器系统；电动汽车底盘系统；汽车新技术等。

本书内容丰富、通俗易懂、实用性强，适用于职业院校新能源汽车检测与维修专业的教学使用，也可作为新能源汽车技术人员培训教材及参考用书。

本书由李辉学任主编，马强任副主编，成志鹏、张燕灵、朱闯、张彦、王建、王陈、陈科举、朱昊、刘斌、叶国美、孙继凯、朱玲、缪广开、赵祥、盛媛媛参与编写。

图书在版编目（CIP）数据

新能源汽车概论 / 人力资源社会保障部教材办公室组织编写；李辉学主编. -- 北京：中国劳动社会保障出版社，2020

全国技工院校新能源汽车检测与维修专业教材. 中、高级技能层级

ISBN 978-7-5167-4509-0

Ⅰ.①新… Ⅱ.①人…②李… Ⅲ.①新能源-汽车-技工学校-教材 Ⅳ.①U469.7

中国版本图书馆 CIP 数据核字（2020）第 098544 号

中国劳动社会保障出版社出版发行

（北京市惠新东街 1 号 邮政编码：100029）

*

北京市白帆印务有限公司印刷装订 新华书店经销

787 毫米 ×1092 毫米 16 开本 10.5 印张 185 千字

2020 年 6 月第 1 版 2023 年 8 月第10 次印刷

定价：32.00 元

营销中心电话：400-606-6496

出版社网址：http://www.class.com.cn

http://jg.class.com.cn

前言

PREFACE

2012年6月，国务院颁布《节能与新能源汽车产业发展规划（2012—2020年）》，其中对新能源汽车进行了定义：新能源汽车是指采用新型动力系统，完全或主要依靠新型能源驱动的汽车，本规划所指新能源汽车主要包括纯电动汽车、插电式混合动力汽车及燃料电池汽车。

随着国家不断推动新能源汽车的发展，目前我国新能源汽车保有量已经突破百万，成为新能源汽车产销量第一的国家。

相对于传统汽车而言，新能源汽车大量使用高压电，这对维护和维修工作提出了更高的要求。为了满足全国技工院校新能源汽车检测与维修专业的教学需求，人力资源社会保障部教材办公室组织有关学校的骨干教师和行业、企业专家，在充分调研企业生产和学校教学情况的基础上，开发了本套新能源汽车检测与维修专业教材。

教材体系

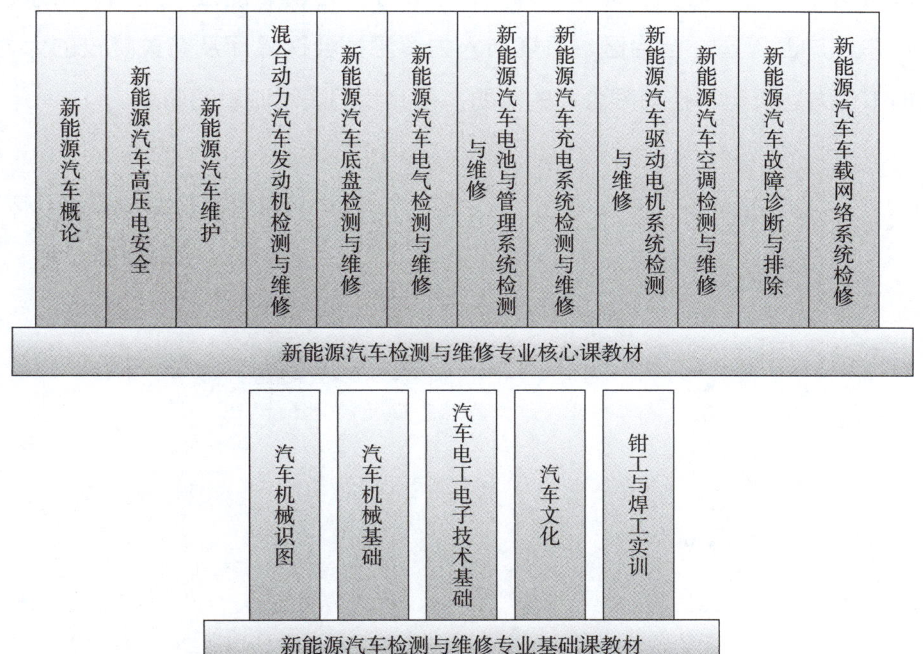

编写特色

◆ 紧贴企业实际情况　通过行业、企业调研，掌握企业对新能源汽车检测与维修专业人才的岗位需求和技能要求，确定人才培养目标（中级/高级），构建科学合理的课程体系。根据课程教学目标，合理确定学生应具备的知识与能力结构；充分考虑企业生产实际，选择当前市面上广泛使用的新能源车型进行教学。

◆ 体现行业技术发展　根据相关专业领域的最新发展，在教材中充实新知识、新技术、新设备、新材料等方面的内容，体现教材的先进性。采用最新的国家技术标准，使教材内容更加科学和规范。

◆ 符合学生阅读习惯　在教材内容的呈现形式上，较多地利用实物照片和表格等形式将知识点生动地展示出来，力求让学生更直观地理解和掌握所学内容。部分教材采用四色印刷，图文并茂，增强了教材内容的表现效果。

教学服务

本套教材配有习题册和方便教师上课使用的多媒体电子课件等教学资源，可以通过技工教育网（http：//jg.class.com.cn）下载。另外，在部分教材中针对教材中的教学重点和难点制作了微视频等多媒体资源，学生使用移动终端扫描二维码即可在线观看相应内容。

致谢

本次教材编写工作得到了北京、黑龙江、辽宁、江苏、浙江、湖南、山东、山西、福建、广东、广西等省、自治区、直辖市人力资源社会保障厅及有关院校的大力支持，以及深圳市信力达机电科技有限公司的协助，在此我们表示诚挚的谢意。

人力资源社会保障部教材办公室

2020 年 6 月

目录
CONTENTS

模块一
新能源汽车概述

课题一 | 认识新能源汽车

学习目标

1. 熟悉新能源汽车的定义与类型。
2. 了解我国新能源汽车名称的发展历程。
3. 了解新能源汽车号牌的样式和主要特点。

想一想

随着新能源汽车产业的发展及销量的不断增加，新能源汽车越来越多地出现在生产生活中。你能认出下列车型及号牌中哪些属于新能源汽车吗？如果属于新能源汽车，到底是什么类型呢？

在下图中选出新能源汽车和号牌，并在相应括号内打“√”。

一、新能源汽车的定义

2012 年 6 月，国务院发布《节能与新能源汽车产业发展规划（2012—2020 年）》（以下简称《规划》），其中对新能源汽车进行了定义。

新能源汽车是指采用新型动力系统，完全或主要依靠新型能源驱动的汽车，本规划所指新能源汽车主要包括纯电动汽车、插电式混合动力汽车及燃料电池汽车。

二、我国新能源汽车名称的发展历程

我国新能源汽车名称的发展历程见表 1-1-1。

表 1-1-1　我国新能源汽车名称的发展历程

时间	政策	名称	类型	定义
2001 年	国家第十个“五年计划”和“国家高技术研究发展计划”（简称 863 计划）电动汽车重大专项	电动汽车	混合动力汽车、纯电动汽车、燃料电池汽车	—
2006 年	国家第十个“五年计划”和“国家高技术研究发展计划”（简称 863 计划）电动汽车重大专项	节能与新能源汽车	混合动力汽车、纯电动汽车、燃料电池汽车	—

续表

时间	政策	名称	类型	定义
2009 年	工业和信息化部印发《新能源汽车生产企业及产品准入管理规定》	新能源汽车	混合动力汽车、纯电动汽车（BEV，包括太阳能汽车）、燃料电池电动汽车（FCEV）、氢发动机汽车、其他新能源（如高效储能器、二甲醚）汽车等	采用非常规的车用燃料作为动力来源（或使用常规的车用燃料、采用新型车载动力装置），综合车辆的动力控制和驱动方面的先进技术，形成的技术原理先进，具有新技术、新结构的汽车
2012 年	国务院印发《节能与新能源汽车产业发展规划（2012—2020 年）》	新能源汽车	纯电动汽车、插电式混合动力汽车、燃料电池汽车	采用新型动力系统，完全或主要依靠新型能源驱动的汽车
2017 年	《电动汽车术语》（GB/T 19596—2017）	电动汽车	纯电动汽车、混合动力电动汽车、燃料电池电动汽车	详见国家标准

三、新能源汽车的类型

虽说新能源汽车的定义源自《规划》，但目前国内普遍采用国家标准《电动汽车术语》（GB/T 19596—2017）对电动汽车进行分类。在 GB/T 19596—2017 中将电动汽车分为纯电动汽车、混合动力电动汽车和燃料电池电动汽车三大类。

不同类型新能源汽车代表品牌及主要车型见表 1-1-2。

表 1-1-2　不同类型新能源汽车代表品牌及主要车型

类型	品牌	图片	型号
纯电动汽车	特斯拉		Model S
			Model X

续表

类型	品牌	图片	型号
纯电动汽车	比亚迪		e5
			唐 EV
	北汽新能源		EU260
			EX360
	上汽荣威		ei6
			eRX5

续表

类型		品牌	图片	型号
纯电动汽车		日产		聆风 LEAF
				轩逸·纯电
		长安汽车		逸动 EV
混合动力电动汽车	不可外接充电式混合动力汽车	丰田		普锐斯
				雷凌双擎 E+
				凯美瑞 2.5HG

续表

类型		品牌	图片	型号
混合动力电动汽车	不可外接充电式混合动力汽车	雷克萨斯		ES 300h
				RX 450hL
	可外接充电式混合动力汽车	比亚迪		秦 DM
				宋 MAX DM
		宝马		BMW5 混动
				X1 混动

续表

类型	品牌	图片	型号
燃料电池电动汽车	丰田		Mirai
	长安汽车		志翔

1. 纯电动汽车

（1）纯电动汽车的定义

纯电动汽车（BEV，Battery Electric Vehicle）是指驱动能量完全由电能提供的、由电机驱动的汽车。电机的驱动电能来源于车载可充电储能系统或其他能量储存装置。

（2）纯电动汽车的组成

纯电动汽车的组成如图 1-1-1 所示。

图 1-1-1 纯电动汽车的组成

纯电动汽车由电力驱动及控制系统、驱动力传动等机械系统，以及完成既定任务的工作装置等组成。纯电动汽车与内燃机汽车相比，取消了发动机，电力驱动及控制系统是纯电动汽车的核心，也是与内燃机汽车的最大不同之处。电力驱动及控制系统由驱动电机、电源（动力蓄电池）和电动机的调速控制装置等组成。电动汽车的其他装置基本与内燃机汽车相同。

（3）纯电动汽车的性能特点及优缺点

1）纯电动汽车的性能特点

纯电动汽车在性能方面特点突出，加速性能强。例如，Tesla Model S 车型由 0 加速至 100 km/h 只需要 2.6 s，这主要归功于电动机的性能。但考虑到电池的性能及成本，在负重较大的场合，一般不使用纯电动汽车。电动机的扭力输出稳定，控制也比内燃机容易，因此，纯电动汽车的行驶较顺畅，振动及噪声较小，而且不需要像内燃机汽车那样频繁换挡。

2）纯电动汽车的优点

技术相对简单成熟，充电方便，只要有电力供应的地方都能够充电，如图 1-1-2 所示。

图 1-1-2　为纯电动汽车充电

3）纯电动汽车的缺点

有专家认为，对于纯电动汽车而言，目前最大的发展障碍是基础设施建设以及价格影响了产业化进程。与混合动力电动汽车相比，纯电动汽车更需要基础设施的配套，而这不是一家企业能解决的，需要各企业联合起来与当地政府部门一起建设。目前，蓄电池单位重量储存的能量太少，电池较贵，又没有形成经济规模，故购买价格较贵。另外，纯电动汽车的使用成本因车而异，有些比内燃机汽车贵，有些仅为内燃机汽车的 1/3，这主要取决于动力蓄电池的使用寿命及当地的油、电价格。

2. 混合动力电动汽车

（1）混合动力电动汽车的定义

混合动力电动汽车（HEV，Hybrid Electric Vehicle）是指能够至少从两类车载储存的能量中获得动力的汽车，即可消耗的燃料和可再充电能 / 能量储存装置。

（2）混合动力电动汽车的组成

混合动力电动汽车的组成如图 1-1-3 所示，主要包括发动机、动力蓄电池、驱动电机、驱动电机控制器、变速器、充电接口等。

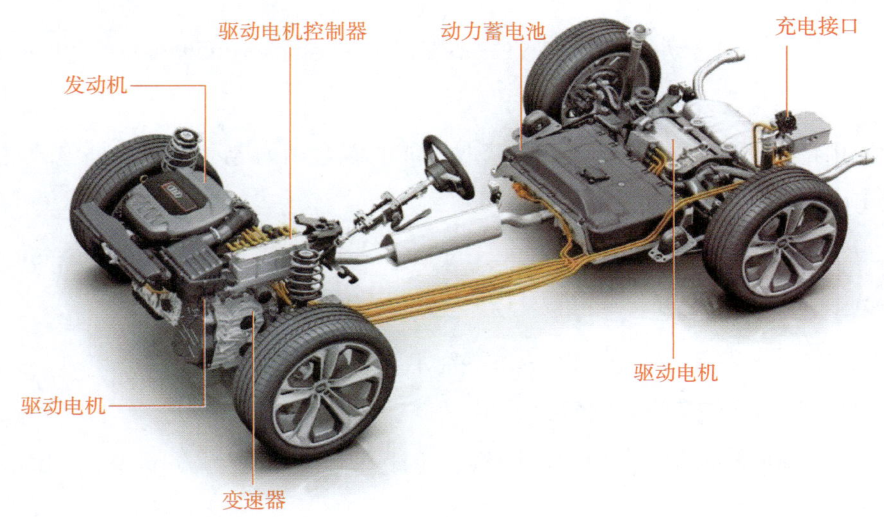

图 1-1-3　混合动力电动汽车的组成

（3）混合动力电动汽车的分类

混合动力电动汽车有多种类型，如图 1-1-4 所示。

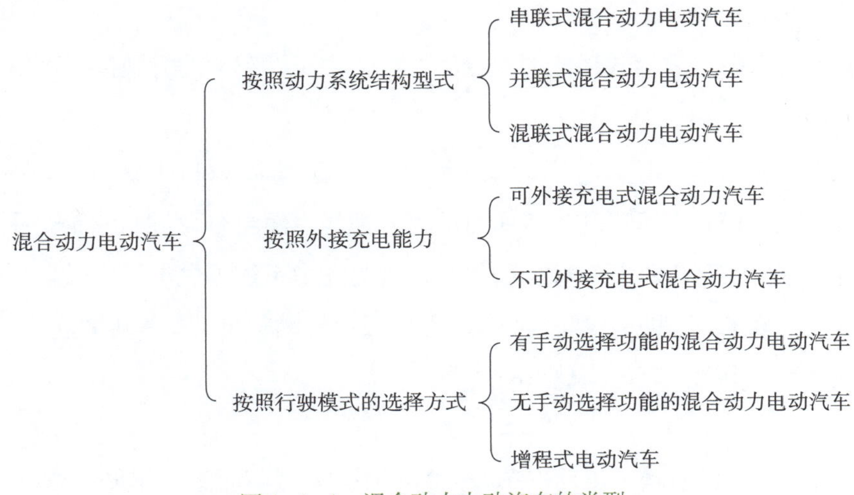

图 1-1-4　混合动力电动汽车的类型

1）按照动力系统结构型式分类

①串联式混合动力电动汽车（Series Hybrid Electric Vehicle）

车辆的驱动力只来源于驱动电机的混合动力电动汽车。

②并联式混合动力电动汽车（Parallel Hybrid Electric Vehicle）

车辆的驱动力由驱动电机及发动机同时或单独供给的混合动力电动汽车。

③混联式混合动力电动汽车（Combined Hybrid Electric Vehicle）

同时具有串联式和并联式驱动方式的混合动力电动汽车。

2）按照外接充电能力分类

①可外接充电式混合动力汽车（OVC-HEV，Off-vehicle-chargeable Hybrid Electric Vehicle）

正常使用情况下可从非车载装置中获取电能的混合动力电动汽车。插电式混合动力电动汽车（PHEV）属于此类型。

②不可外接充电式混合动力汽车（NOVC-HEV，Non Off-vehicle-chargeable Hybrid Electric Vehicle）

正常使用情况下从车载燃料中获取全部能量的混合动力电动汽车。

3）按照行驶模式的选择方式分类

①有手动选择功能的混合动力电动汽车（Hybrid Electric Vehicle With Selective Switch）

具备手动选择行驶模式功能的混合动力电动汽车，车辆可选择的行驶模式包括纯电动模式、热机模式和混合动力模式。

②无手动选择功能的混合动力电动汽车（Hybrid Electric Vehicle Without Selective Switch）

不具备手动选择行驶模式功能的混合动力电动汽车，车辆的行驶模式可根据不同工况自动切换。

③增程式电动汽车（REEV，Range Extended Electric Vehicle）

一种在纯电动模式下可以达到其所有的动力性能，而当车载可充电储能系统无法满足续航里程要求时，可以打开车载辅助供电装置为动力系统提供电能，以延长续航里程的电动汽车，且该车载辅助供电装置与驱动系统没有传动轴（带）等传动连接。

（4）混合动力电动汽车的优缺点

1）优点

①节油效果好。混合动力电动汽车最大的特点就是“节油”，市面在售的混合动力电

动汽车中，以普锐斯、凯美瑞、雷克萨斯 CT 200h 的混合动力车型的市场反应最好。最近刚刚上市的凯美瑞混合动力电动汽车百公里油耗仅为 5.3 L，比同排量的凯美瑞汽油车型节省燃油 32%。

②续航能力强。相比于可外接充电式混合动力汽车（俗称插电式混合动力汽车），在目前充电桩等基础设施配套不完善的前提下，不可外接充电式混合动力汽车（俗称油电混合动力汽车）的购买与使用更加方便和易操作，同时，油电混合动力汽车的续航能力远远高于插电式混合动力汽车。

③保养费用低。混合动力汽车的维修保养并非想象中那么昂贵。就凯美瑞来说，混合动力车型的保养费用与普通汽油车型基本相同，不同之处在于动力蓄电池的维修昂贵，但厂家往往对动力蓄电池给出更长的质保期，如 8 年（20 万公里），在此期间，如果动力蓄电池出现问题，厂家将为该车保修或更换全新的动力蓄电池。

2）缺点

①可选择车型少。目前在汽车企业中，丰田是最先大力发展混合动力技术的企业，在售的混动车型有凯美瑞、普锐斯以及雷克萨斯 CT 200h。在国产自主品牌方面，包括长安、奇瑞、上汽荣威（见图 1-1-5）在内的厂家都曾推出混合动力车型，遗憾的是，这些车型不是只在市场上“昙花一现”，就是止步于网约车、公务用车领域。市场上可供消费者选择的车型少之又少。

图 1-1-5 荣威 ei6 混合动力电动汽车

②车价高。车价偏高也是影响混合动力汽车普及的重要因素。尽管差价在逐渐缩小，但相近的配置下，混动车型要比汽油车型贵很多。以凯美瑞为例，汽油版的售价区间为 19.98 万 ~ 25.98 万元，而混动版的售价则从 23.98 万元起。

③维修费用高。虽然混动车型的保养费用与汽油车型相同，但维修费用会高很多，尤其是动力蓄电池，一旦过质保期后损坏，更换价格昂贵。以凯美瑞为例，超出质保期限更换动力蓄电池需要收取 2 万元左右的费用。

3. 燃料电池电动汽车

（1）燃料电池电动汽车的定义

燃料电池电动汽车是指以燃料电池系统作为单一动力源或者是以燃料电池系统与可充电储能系统作为混合动力源的电动汽车。

（2）燃料电池电动汽车的组成

燃料电池电动汽车的组成如图 1-1-6 所示，主要由驱动电池、驱动电机、动力控制单元、高压储氢罐、燃料电池反应堆、燃料电池升压逆变器等组成。

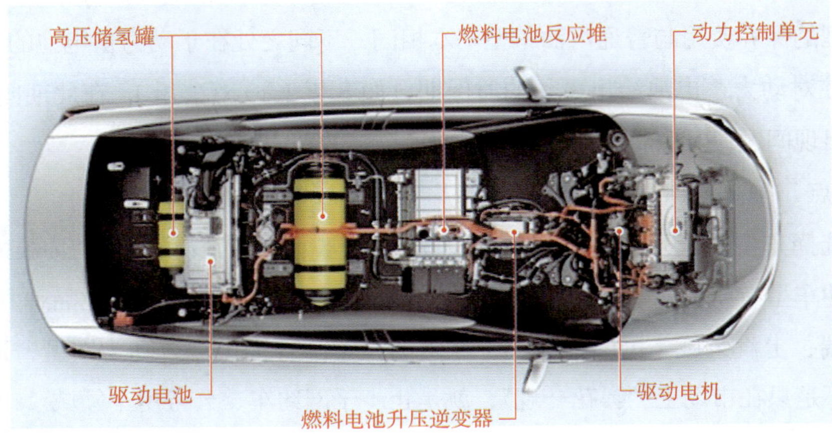

图 1-1-6　燃料电池电动汽车的组成

（3）燃料电池电动汽车的分类

1）燃料电池混合动力电动汽车（FCHEV，Fuel Cell Hybrid Electric Vehicle）

是指以燃料电池系统与可充电储能系统作为混合动力源的电动汽车。

2）纯燃料电池电动汽车（Pure FCV，Pure Fuel Cell Vehicle）

是指以燃料电池系统作为单一动力源的电动汽车。

（4）燃料电池电动汽车的优缺点

1）优点

与传统内燃机汽车相比，燃料电池汽车具有以下优点：

①零排放或近似零排放。

②减少了机油泄漏带来的水污染。

③降低了温室气体的排放。

④提高了燃油经济性。

⑤提高了发动机燃烧效率。

⑥运行平稳、无噪声。

2）缺点

①氢气的来源问题。氢气不像氮气和氧气是空气中的主要组成因素，想得到氢气可以通过电解水，但不太经济，能量损失极大。从电解水开始，耗费电能，产生氢气，氢气在发电过程中还会有能量损失；另外，电解水用电也是以煤电为主发电，烧煤发电也会有能量损失。

②金属铂的稀缺。在氢燃料电池发电的过程中会用到金属铂作为催化剂，这种金属储量少、价格昂贵，无法实现大规模生产。

③制造和使用绿色氢气的费用更高。燃料电池汽车的主要问题是，制造驱动它们的氢气燃料要消耗比普通电动汽车更多的能源。除了由甲烷转化，获得绿色氢气的唯一可行方式是通过电解，这一过程会消耗大量的电能，从而造成转化成本更高。

四、新能源汽车号牌

2016 年 4 月 18 日，为更好地区分、辨识新能源汽车，实施差异化交通管理，我国开始启用新能源汽车专用号牌。新能源汽车号牌按照不同车辆类型实行分段管理，字母“D”代表纯电动汽车，字母“F”代表非纯电动汽车（包括混合动力电动汽车和燃料电池电动汽车等）。

1. 新能源汽车号牌的样式

新能源汽车号牌分为小型新能源汽车号牌和大型新能源汽车号牌两种。新能源汽车号牌的外廓尺寸为 480 mm × 140 mm，新能源汽车号牌及其含义如图 1-1-7 所示。

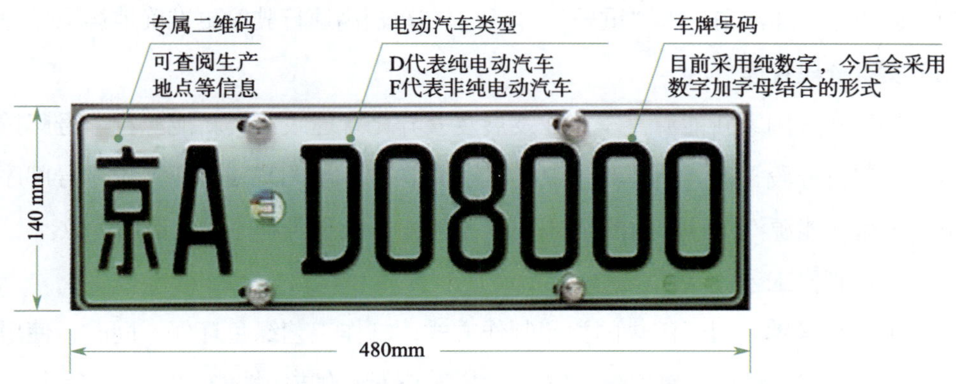

图 1-1-7　新能源汽车号牌及其含义（小型纯电动汽车）

2. 新能源汽车号牌的主要特点

（1）增设专用标志

新能源汽车号牌增加专用标志，标志整体以绿色为底色，寓意电动、新能源，在绿色圆圈中右侧为电插头图案，左侧彩色部分与英文字母“E”（Electric，指“电”）形似，如图 1-1-8 所示。其中，小型新能源汽车号牌为渐变绿色，大型新能源汽车号牌为黄绿双拼色（黄色在左侧）。

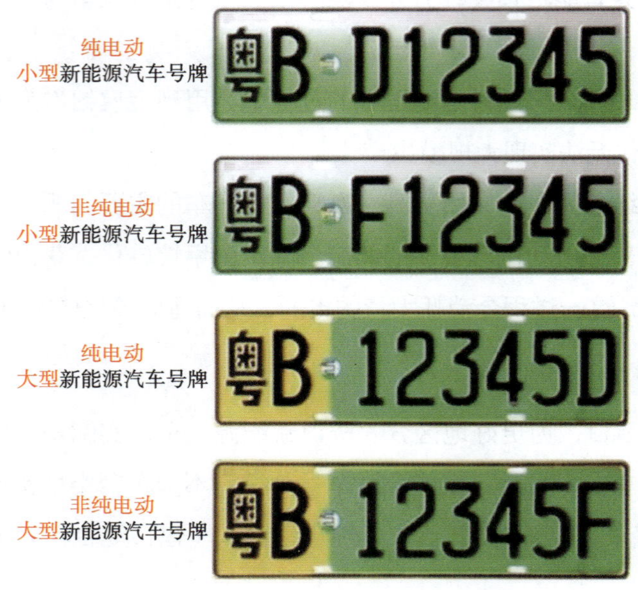

图 1-1-8　新能源汽车号牌

（2）号牌号码“升位”

与普通汽车号牌相比，新能源汽车号牌号码增加了 1 位，由 5 位升为 6 位，如原“粤 B·D1234”可升位至“粤 B·D12345”。升位后，号码容量增大，号码编排更加科学合理，避免与普通汽车号牌“重号”，有利于在车辆高速行驶时更准确地辨识号牌。

（3）实行分段管理

为更好地实施国家新能源汽车产业发展及差异化管理政策，新能源汽车号牌按照不同车辆类型实行分段管理。小型新能源汽车号牌中的字母“D”或“F”位于号牌序号的第一位，大型新能源汽车号牌中的字母“D”或“F”位于号牌序号的最后一位。

（4）改进制作工艺

新能源汽车号牌采用无污染的烫印制作方式，制作工艺绿色环保。同时，使用二维码、防伪底纹暗记、激光图案等防伪技术，提高了号牌的防伪性能。

知识链接

在了解了新能源汽车的定义及分类之后，通过表 1-1-3 来了解一下内燃机汽车的定义及分类。

表 1-1-3 内燃机汽车的定义及分类

序号	知识点	二维码
1	内燃机汽车的定义	
2	内燃机汽车的分类	

思考与练习

1. 简述新能源汽车的定义。
2. 新能源汽车有哪些类型?
3. 简述纯电动汽车的定义及组成。
4. 简述混合动力电动汽车的定义及组成。
5. 简述新能源汽车号牌的样式及主要特点。

课题二 | 新能源汽车代表品牌

学习目标

1. 了解国外新能源汽车品牌及典型车型。
2. 了解国内新能源汽车品牌及典型车型。

想一想

随着新能源汽车的不断发展，当你在路上驾车行驶时，经常能看到挂有新能源汽车号牌的车辆，你能认出他们的生产厂家和具体车型吗?

在下图中写出图片标识代表的汽车厂家的名称，以及各代表车型的名称。

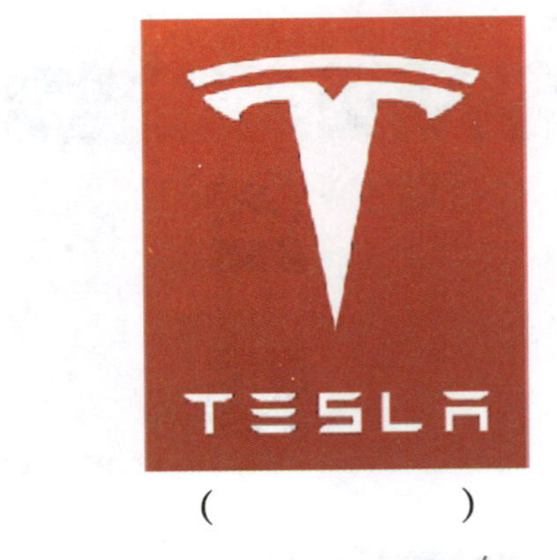

（　　　　　　）

（　　　　　　）

（　　　　　　）

（　　　　　　）

一、国外新能源汽车品牌

1. 特斯拉

（1）品牌简介

特斯拉是美国一家电动车及能源公司，由马丁·艾伯哈德（Martin Eberhard）工程师于 2003 年 7 月 1 日成立，总部设在美国加州的硅谷地带。

图 1-2-1　尼古拉·特斯拉

公司以伟大的物理学家尼古拉·特斯拉（见图 1-2-1）命名，专门生产纯电动汽车，是世界上第一家采用锂离子电池的电动汽车公司，其主要车型包括 Tesla Roadster、Tesla Model S 和 Tesla Model X。

从 2019 年的累计数据来看，特斯拉的市场占有率为 14%（注：数据来源于 EV Sales）。

（2）品牌标志及标志含义

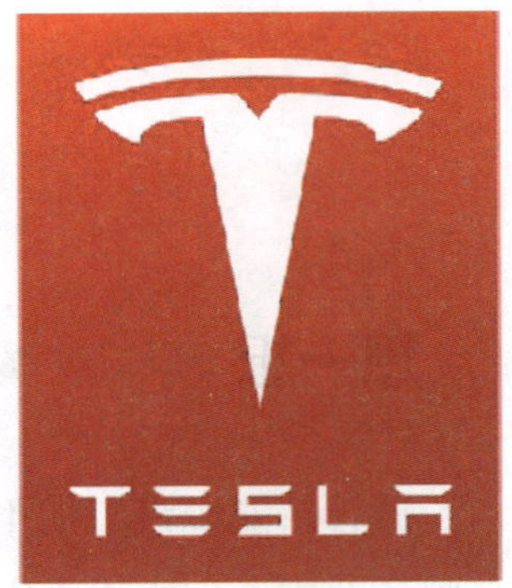

图 1-2-2　特斯拉品牌标志

特斯拉的 T 形车标（见图 1-2-2）已广为人知，这个简单的标志不仅是特斯拉（Tesla）名字的首字母缩写，其背后

还另有深意。这个风格化的“T”实际上也是对公司产品的暗示，代表电动机的横截面。字母 T 的主体部分代表电动机转子的一部分，而顶部的第二条线则代表外围定子的一部分。

（3）典型车型

1）Tesla Roadster。特斯拉公司开发的第一款车名为 Roadster，是在莲花汽车公司（Lotus）的 Elise 跑车基础上开发的。特斯拉电动汽车最主要的三项技术是电池、电机和传动系统，其传动技术来自 AC Propulsion 公司，电池采购自松下生产的 18650 电池，电机采购自台湾富田电机。Tesla Roadster（见图 1-2-3）是全球首款量产版电动敞篷跑车，也是第一辆使用锂电池技术可使续航里程达 320 km 以上的电动汽车。

图 1-2-3　Tesla Roadster

2）Model S。在特斯拉公司中，Model S 拥有独一无二的底盘、车身、发动机以及能量储备系统。Model S（见图 1-2-4）具有独到的安全系统。该系统位于车辆铝制乘员舱底部，并封装于单独壳体内。这一独特的布置，用可以吸收冲击力的硼钢轨取代了笨重的发动机缸体，降低了汽车重心，从而提高操控性能，最大限度地降低翻车风险。性能上也十分突出，不同车型配置不同的动力，分别匹配 40～85 kWh 的不同容量的电池组。由于功率限制，纯电动汽车极速性能有限，Model S 的极速为 177～210 km/h。但是，因为其具有惊人的扭矩，Model S 的加速表现非常出色，入门车型 0～100 km/h 加速也能达到 6.5 s，而最高配版本可以达到 4.4 s，完全可以匹敌大排量跑车的性能。而它在 90 km/h 匀速行驶下，最大行驶里程能达到 480 km，远超现有其他品牌纯电动汽车，可以说具有相当高的实用性。

3）Model X。Model X（见图 1-2-5）是一款 SUV 车型，但车身重心要比一般的 SUV 更低，是介于 SUV 和轿跑车之间的跨界车。Model X 采用全新的鹰翼门设计，以向上折叠的方式打开，不会占用很多空间，在狭窄的停车场也可让乘车人进出自如。在容量上，Model X 结合了 SUV 的空间优势和功能优势，有可以容纳 7 名成人乘坐的空间。

图 1-2-4　Model S

图 1-2-5　Model X

2. 丰田普锐斯

（1）品牌简介

丰田普锐斯（PRIUS，见图 1-2-6）于 1997 年 10 月底问世，是丰田汽车公司的一款油电混合动力汽车，也是世界上最早实现批量生产的油电混合动力汽车。其油耗低，环保性能好，适合在城市使用。

图 1-2-6　丰田普锐斯

20 世纪末，石油危机的到来让美国汽车产业遭受重创，日系车借此契机打入美国市场。通用公司在 1996 年量产了 EV1 电动车，然而只有 1 117 辆的年销量，无法缓解燃眉之急。丰田汽车公司认为电动汽车的普及为时尚早，混合动力才是当下应该推广的，在这种信念的推动下，丰田普锐斯就此诞生。

1993 年 9 月，丰田研发执行副总裁 Yoshirio Kimbara 发起了 G21 项目。1994 年，丰田从车身、底盘、发动机和生产技术等多个领域召集了十名 30 多岁的技术精英，组建了 G21 项目组，团队目标是打造一款既对资源和环境有利，又保留现代汽车精髓的新车型。开发工作由内山田竹志主导，负责制造一辆将电动汽车与传统汽车完美融合的车型。在 1995 年东京车展上，丰田发布了名为 PRIUS 的混合动力概念车（见图 1-2-7），Prius 在拉丁语中意为 prior（优先的、超前的）；PRIUS 概念车具备能量回收系统和启停功能，而且其低滚动阻力轮胎为良好的燃油经济性作出了贡献。

图 1-2-7　东京车展上的 PRIUS 混合动力概念车

（2）发展现状

2005 年 12 月 15 日第二代普锐斯在我国上市，它装备了新一代丰田混合动力系统 ths ii，这是在上一代丰田混合动力系统 ths 的基础上，以能够同时提高环保性能和动力性能的“hybrid synergy drive（混合动力同步驾驶）”为概念开发的。ths ii 通过提升电源系统的电压使电机功率提高到原来的 1.5 倍，并通过控制系统的改进解决了一系列的技术难题，从而使发动机动力与电机动力的协同增效作用得到极大的发挥。

丰田汽车于 2009 年 5 月又在日本市场推出了混合动力汽车普锐斯的全新改版车型。新版普锐斯的动力系统得到了提升，每升汽油能够行驶 38 km，燃油效率比旧款提高了 10%，可以说拥有了世界上最高的燃油效率。

丰田第三代普锐斯于 2019 年 2 月 22 日正式上市，该车提供四种不同的驾驶模式：Normal 为正常模式；EV-Drive 模式允许驾驶者在低速状态下单纯依靠电力行驶约 1.6 km；而 Power（动力）模式提高了加速控制装置的灵敏度，使驾驶感向跑车趋近；ECO 模式则可以帮助驾驶员获得最佳的燃油经济性。

在人们日益关注环保的今天，普锐斯因革命性地降低了车辆燃耗和尾气排放，得到了消费者的高度评价。

3. 日产聆风

日产聆风（LEAF，见图 1-2-8）为五门五座掀背式轿车，由层叠式紧凑型锂离子电池驱动，在完全充电的情况下可实现 500 km 以上的续航里程。采用家用交流电，大约 8 h 可以将电池充满；而通过

图 1-2-8　日产聆风

10 min 的快速充电，便可提供其行驶 50 km 的用电量。日产聆风于 2010 年底在欧美以及日本市场上市，2011 年进入中国市场。

为了最大限度地提升日产聆风的续航里程，日产在节能方面下了不少功夫。使用低能耗的 LED 前照灯和尾灯；特别设计的车头轮廓引导车头气流远离后视镜，减少风阻和风噪；由于动力系统的冷却需求较少，车头进气口面积也大幅缩减，减少了空气阻力。车厢内配有 IT 系统连接数据中心，可接收各种资讯。日产聆风使用高分辨率彩色液晶屏替代传统指针式仪表，采用与本田思域相似的双层式布局，除了显示车速、功率、能量回收状态、电池组温度、行驶时间、单次行驶里程、时钟、车外温度等常规信息外，还能根据电池组剩余电量估计续航里程，借助导航系统提供临近充电站的位置和距离等信息。

二、国内新能源汽车品牌

1. 比亚迪

（1）品牌简介

比亚迪汽车工业有限公司（简称“比亚迪”）一直致力于发展自己的新能源品牌，不断推出新产品，并快速成长为最具创新性的民族自主汽车品牌，更以独特技术领先全球电动汽车市场，引领着全球新能源汽车的变革。

比亚迪公司成立于 2003 年，坚持自主研发、自主品牌、自主发展的发展模式，以“造世界水平的好车”为产品目标，以“打造民族的世界级汽车品牌”为产业目标，立志振兴民族汽车产业。目前，比亚迪已建成西安、北京、深圳、上海四大产业基地，在整车制造、模具开发、车型研发等方面都达到了国际领先水平，产业格局日渐完善。目前，比亚迪新能源汽车销量已经连续 4 年全球第一。

（2）品牌标志及标志含义

比亚迪品牌标志是由三个字母和一个椭圆组成的，如图 1-2-9 所示。字母“BYD”的意思是“build your dreams”，即为成就梦想。

（3）典型车型

从 2008 年开始，比亚迪成功推出一系列新能源汽车，并且率先提出“公交电动化”战略，主要车型有：纯电动乘用车 e5、e6（见图 1-2-10）、腾势、元 EV，插电式双模电动汽车唐、元，纯电动货车 T3（见图 1-2-11）；纯电动洗扫车 T8SA，纯电动大巴 K9、K10、C8、K8、K7 和 C7（见图 1-2-12）等。

图 1-2-9　比亚迪品牌标志

图 1-2-10　比亚迪 e6

图 1-2-11　比亚迪 T3

图 1-2-12　比亚迪 K7 和 C7 公交车

2. 吉利

（1）品牌简介

吉利汽车隶属于浙江吉利控股集团，总部位于中国浙江省杭州市，吉利汽车集团是中国领先的汽车制造商，立志成为最具竞争力和受人尊敬的中国汽车品牌。目前，吉利汽车集团旗下拥有吉利汽车品牌、领克品牌和几何品牌，拥有宝腾汽车 49.9% 的股份及全部经营管理权，以及豪华跑车品牌路特斯 51% 的股份。

2019 年上半年，吉利纯电动汽车销量上升至全国第三，7 月，吉利新能源汽车总销量占新能源和电气化汽车总销量的 65%。

（2）品牌标志及标志含义

吉利车标如图 1-2-13 所示，这款标识最初源于六块腹肌的创意灵感，腹肌感的创意代表了年轻、力量、阳刚和健康，寓意吉利是年轻与积极向上的品牌，吉利的产品是有充沛动力和优良驾驶性

图 1-2-13　吉利车标

能的汽车。标识为勋章、盾牌形状，给人安全感和信赖感，蕴含着吉利自创始至今所承载的“安全呵护与稳健发展”的品牌特征。

吉利标识内由六块宝石组成，蓝色宝石代表了蔚蓝的天空，黑色宝石寓意广阔的大地，双色宝石的组合象征着吉利汽车驰骋天地之间，走遍世界的每个角落。图形上，蓝色和黑色相间形成 6 个区域格局，均匀分布又保证了弧线的变化与流畅，中正严谨、清晰醒目，强化了作为品牌形象的视觉冲击力，增强记忆。在色彩的传达上，采用了蓝色、黑色及金色间隔线，增强科技感、品质感、现代感，进而将这种感受传递到品牌及产品层面，相得益彰，完美融合。

（3）典型车型

在纯电动车型方面，吉利除了目前在售的帝豪 EV 系列之外，在紧凑型 SUV 和紧凑型轿车之上也将推出纯电动车型来满足不同消费者的需求。

在混动车型和插电式混动车型方面，吉利的布局将更加广泛，包括紧凑型、中型轿车以及 SUV 都会有所涉及。吉利帝豪 GL（见图 1-2-14）、博瑞都将推出混动和插电式混动两种车型。

图 1-2-14　吉利帝豪 GL

3. 北汽新能源

（1）品牌简介

北京新能源汽车股份有限公司（以下简称“北汽新能源”）创立于 2009 年，是由世界 500 强企业北京汽车集团有限公司发起并控股，独立运营的新能源汽车企业。

（2）品牌标志及标志含义

北汽集团正式发布了北汽自主乘用车 BEIJING 品牌，并向全球喊出“从北京、到世界、向未来”的豪迈口号。BEIJING 品牌是北汽集团整合旗下北汽新能源和北京汽车的产品与技术资源全力打造的核心品牌，代表着北汽“高、新、特”战略中的“新”字主力军，将以新能源、新技术为核心，推动北汽自主乘用车业务全面创新发展，开启北汽集团自主发展新篇章。北汽新能源品牌标志如图 1-2-15 所示。

图 1-2-15　北汽新能源品牌标志

（3）典型车型

北汽新能源的车型主要有 EX（见图 1-2-16）、EU、EC（见图 1-2-17）和 LITE（见图 1-2-18）四大系列。

图 1-2-16　EX360

图 1-2-17　EC200

图 1-2-18　LITE

4. 上汽荣威新能源

（1）品牌介绍

荣威（ROEWE）是上海汽车工业（集团）总公司旗下的一款汽车品牌，于 2006 年 10 月推出。

2006年10月12日，上海汽车（集团）股份有限公司正式对外宣布，其自主品牌定名为“荣威（ROEWE）”，取意为“创新殊荣、威仪四海”。荣威品牌在创建后的4年里发展迅速，其产品已经覆盖中级车与中高级车市场，“科技化”已经成为荣威汽车的品牌标签。荣威品牌口号为“品位科技　知你知行”。

（2）品牌标志及标志含义

荣威（ROEWE）品牌标志如图1-2-19所示，整体结构是一个稳固而坚定的盾形，暗寓其产品可信赖的尊贵品质，及上海汽车自主创新、国际化发展的坚定决心与意志。标志以红、黑、金三个主要色调构成，这是中国最经典、最具内蕴的三个色系，红色代表热烈与喜庆，金色代表富贵，黑色则象征威仪和庄重。图案的中间是双狮护卫着的华表，华表是中华文化中的经典图腾符号，不仅蕴含民族的威仪，而且具有高瞻远瞩，祈福社稷繁荣、和谐发展的寓意。

图1-2-19　荣威品牌标志

（3）典型车型

上汽荣威新能源汽车典型车型包括ERX5（见图1-2-20）、ei6（见图1-2-21）、RX5 eMAX（见图1-2-22）、e950（见图1-2-23）、MARVEL X（见图1-2-24）等。

图1-2-20　ERX5

图1-2-21　ei6

图1-2-22　RX5 eMAX

图1-2-23　e950

图 1-2-24　MARVEL X

5. 广汽新能源

（1）品牌简介

广汽新能源是广州汽车集团股份有限公司旗下汽车品牌。2017 年 7 月 28 日，广汽新能源品牌宣布正式注册成立。

广汽传祺是广汽集团的首款自主车型，定位于中高端市场，坚持“为亲人造好车，让世界充满爱”的品牌理念，整合广汽集团资源与经验，自主创新，致力于开发适合国人驾驶习惯与道路特点的车型。

（2）品牌标志及标志含义

广汽新能源品牌标志如图 1-2-25 所示，其中，“G”是广汽集团英文缩写“GAC”的首字母，同时将字母“G”变体后作为广汽乘用车的产品标识，其外圆象征路路畅通，其内沿指广汽努力攀登高峰。

图 1-2-25　广汽新能源标志

（3）典型车型

1）传祺 GE3 530。传祺 GE3 530（见图 1-2-26）是广汽新能源最典型的车型，以 60 km/h 等速行驶的最长续航里程为 530 km，NEDC 综合工况续航里程为 410 km，搭载高能量密度为 160 Wh/kg 的电池系统，电池容量提升至 54.75 kWh，百公里电耗同级最低为 14.7 kWh。

2）Aion s。Aion s（见图 1-2-27）基于第二代纯电动平台研发而来，搭载由宁德时代提供的三元锂电池，型号为“811”，整个电池组能量密度达到 170 Wh/kg。车辆续航里程为 510 km。

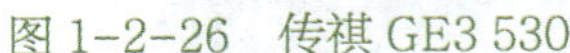
图 1-2-26　传祺 GE3 530

图 1-2-27　Aion s

知识链接

在了解了新能源汽车代表品牌之后，通过表 1-2-1 来了解一下内燃机汽车代表品牌及典型车型。

表 1-2-1　　内燃机汽车代表品牌及典型车型

序号	知识点	二维码
1	欧系品牌	
2	美系品牌	
3	日系品牌	
4	韩系品牌	
5	国产品牌	

思考与练习

1. 特斯拉生产的新能源汽车车型有哪些？
2. 上汽集团旗下有哪些汽车品牌？举例说出该集团新能源汽车典型车型。
3. 比亚迪公司旗下新能源汽车典型车型有哪些？

课题三 | 新能源汽车发展概况

学习目标

1. 了解新能源汽车发展简史及现状。
2. 了解国家新能源汽车发展政策。
3. 了解新能源汽车发展趋势。

想一想

新能源汽车的发展一直同汽车的发展息息相关，从原木滚推车、两轮马车、四轮马车，到蒸汽汽车，再到传统燃油车和极具发展潜力的电动汽车（见图 1-3-1）。能源枯竭和环境保护的难题，激励人们去开发维持人类可持续发展与环境和平相处的新代步工具——新能源汽车。

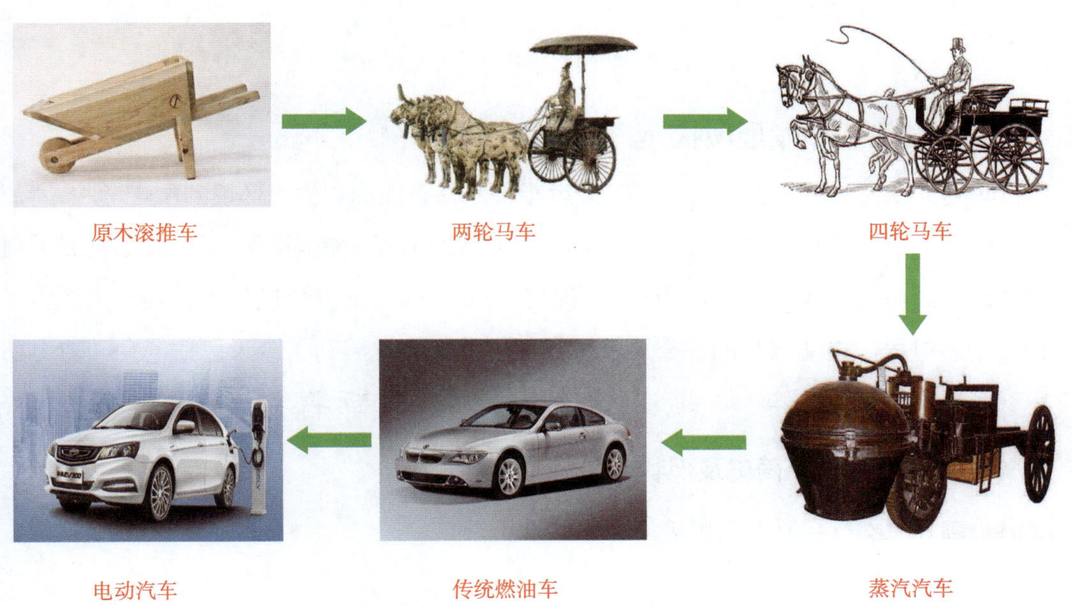

图 1-3-1　汽车的发展历程

我国新能源汽车的发展起步于 20 世纪 50 年代，到 2020 年全面推广，如图 1-3-2

所示。我国新能源汽车的发展还处于起步阶段，你了解其他国家新能源汽车的发展历程和现状吗？在国家产业政策上有哪些倾斜？新能源汽车的发展趋势如何？现阶段有哪些发展瓶颈？

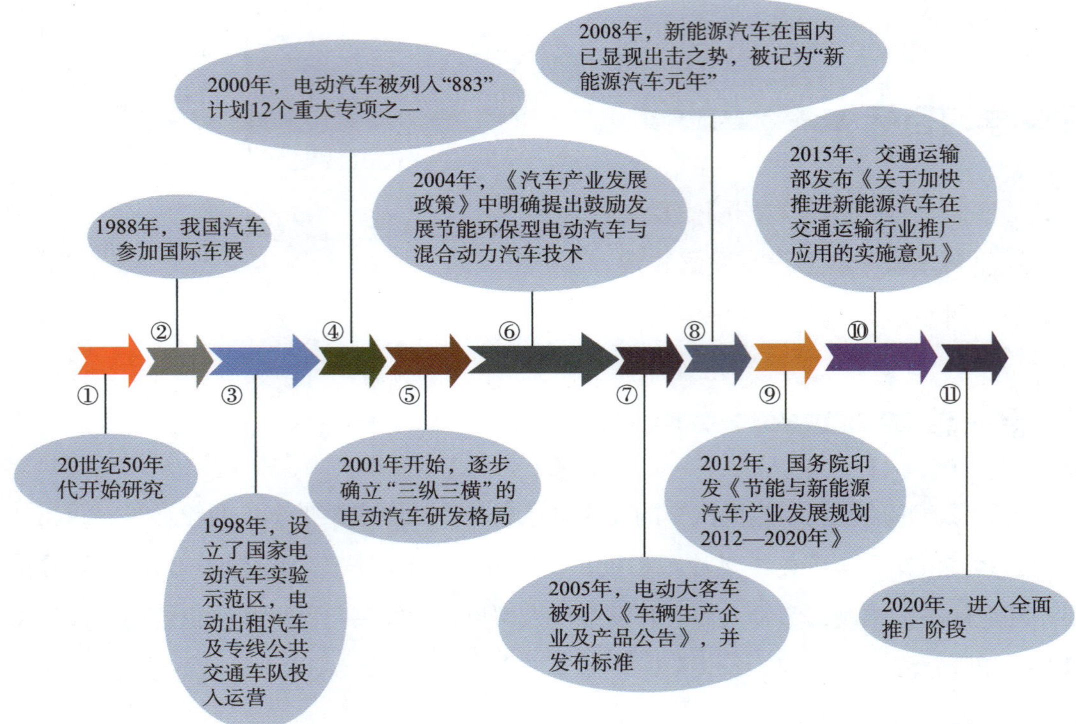

图 1-3-2　我国新能源汽车的发展历程

一、新能源汽车发展现状

汽车是“改变世界的机器”，但在 21 世纪却面临着能源和生态环境的严峻考验，“节能、环保、低碳、绿色”是人类社会共同努力奋斗的目标，新能源汽车是汽车发展历史的必然选择。电动汽车的发明比当代以汽油、柴油为动力的内燃机汽车都要早，经历了漫长的发展过程。电动汽车的种类从最初的纯电动汽车发展到了今天包括混合动力电动汽车、燃料电池电动汽车、太阳能电动汽车等多种类型的电动汽车。

1. 新能源汽车发展简史及现状

（1）国外电动汽车发展简史（见图 1-3-3）

1）美国

美国的三大汽车公司通用、福特和克莱斯勒曾是世界汽车市场的领导者，随着石油资源的压力和日益严格的环保要求，美国汽车企业开始在新能源汽车领域发力。2007 年

1 月，美国提出在未来 10 年内将汽油使用量降低 20%，进口石油量削减 3/4，鼓励以混合动力电动汽车为代表的其他新能源汽车的使用。

1834年	美国人托马斯·达尔波特制造了不可充电的干电池驱动的电动三轮车，虽然行驶距离短，但获得了美国机电行业的第一个专利
1838年	英国人罗伯特·戴维森制造了第一辆由干电池供电的电动汽车
1847年	美国人法莫制造了第一辆以蓄电池为动力、可携带两人的无导轨电动车，电机装在车轮上，由48节鲁夫电池供电，这是美国第一辆电动车
1881年	法国电气工程师特鲁夫制造了世界上第一辆以铅酸蓄电池为动力的电动三轮车，并于同年在巴黎举办的国际电器展览上展出
1896年	Hartford Electric Light公司提议铺设充电基础设施，通过更换电池作为“加油”方式，在1910—1924年共计帮助电动车主们行驶600万英里的路程
1897年	全新的电动出租车开始走上纽约的街头，这也是电动汽车的第一次商用
1899年	德国人费迪南德·波尔舍发明了一台轮毂电动机，替代链条传动，随后开发了Loner-Porsche电动车，该车采用铅酸蓄电池为动力源，前后轮由轮毂电机直接驱动，世界上第一辆四轮电动车诞生了
1902年	费迪南德·波尔舍又在这辆电动车上加装了一台内燃机来发电，驱动轮毂电机，这是世界上第一台混合动力汽车
20世纪初	在欧美等发达国家，电动汽车开始流行，进入商业化发展，到1915年，美国电动车保有量达5万辆，电动汽车市场占有率比内燃机汽车高出16%
20世纪20—30年代	电动汽车技术的发展基本停滞不前，直至第二次世界大战结束
20世纪40年代	因石油提炼和内燃机技术迅速发展，电动汽车基本上完全淡出市场，进入冬眠期
20世纪70年代	中东石油危机爆发，人们又开始关注其他动力汽车，电动汽车开始复苏。美国通用汽车公司在美国能源部的资助下，研究以质子交换膜燃料电池（PEMFC）和蓄电池并用为汽车提供动力
20世纪80年代以来	随着汽车保有量的增加，内燃机排出的有害气体加上消耗大量有限且不可再生的石油资源，电动汽车又进入了较快的发展时期，许多国家推出相关政策，使新型电动汽车不断涌现

图 1-3-3　国外电动汽车发展简史

2010 年 4 月，美国公布新规定，首次为新轿车和轻型货车订立温室效应气体排放标准，鼓励发展新一代省油的油电混合动力汽车、效率更高的发动机和电动汽车。为鼓励美国消费者购买插电式混合动力电动汽车，每辆车给予 7 500 美元的抵税额。美国底特律三巨头——通用、福特及克莱斯勒尽管大量裁员、削减大型 SUV 车型的生产，却仍投入大笔经费用于新能源车型的开发。美国硅谷的创投企业表现更为耀眼，特斯拉汽车公司获美国能源部 4.65 亿美元贷款用于开发纯电动汽车。2018 年，美国纯电动和插电式混合动力电动汽车销量达到 358 645 辆，较 2017 年激增 80%。2018 年美国电动汽车销量排在前 20 位的车型见表 1-3-1。

表 1-3-1　　2018 年美国电动汽车销量排位　　辆

排名	车型	2018 年 12 月	2018 年 1-12 月	市场占比
1	特斯拉 Model 3	24 963	139 513	39%
2	丰田普锐斯（海外）Prime	2 759	27 595	8%
3	特斯拉 Model X	4 100	24 900	7%
4	特斯拉 Model S	3 250	24 781	7%
5	雪佛兰 Volt	1 058	18 306	5%
6	本田 Clarity PHEV	2 770	18 194	5%
7	雪佛兰 Bolt	1 412	18 019	5%
8	日产聆风	1 667	14 715	4%
9	宝马 530e	1 363	8 664	2%
10	福特 Fusion Energi	790	8 074	2%
11	克莱斯勒 Pacifica PHEV	713	7 062	2%
12	宝马 i3	356	6 117	1.5%
13	宝马 X5 PHEV	210	4 434	1%
14	三菱欧蓝德 PHEV	431	4 166	1%
15	起亚 Niro PHEV	316	3 389	1%
16	宝马 330e	606	2 600	1%
17	奥迪 A3 e-Tron	265	2 597	1%
18	沃尔沃 XC60 PHEV	240	2 267	1%

续表

排名	车型	2018 年 12 月	2018 年 1−12 月	市场占比
19	菲亚特 500e	193	2 250	1%
20	保时捷 Panamera PHEV	230	2 036	0.5%
	其他	1 921	18 966	5%
	合计	49 613	358 645	100%

注：数据来源于 EV sales。

2）日本

日本在混合动力电动汽车技术领域领先于世界。以丰田普锐斯为代表的日本混合动力电动汽车，在世界低污染汽车开发及销售领域已经占据了领头地位。丰田汽车公司宣布，从 1997 年全球首款量产的混合动力电动汽车普锐斯推出以来，截至 2017 年 1 月底，丰田在全球的混合动力电动汽车的累计销量已达到 1 004.9 万辆。同时，日本还快速发展燃料电池汽车技术，丰田汽车公司已成为当今世界燃料电池汽车市场上的重要企业。除丰田外，其他日本汽车企业也在开发新一代的新能源汽车，如本田 Insight IMG 混合动力电动汽车、日产 LEAF 和三菱 i-MiEV 纯电动汽车等。

为推进新能源汽车以及环保汽车的发展，日本从 2009 年 4 月 1 日起实施“绿色税制”，规定购买纯电动汽车、混合动力电动汽车可享受税收减免优惠，如混合动力电动汽车税减免 2 万日元、车辆购置税减免 4 万日元。同时，另外一项“补助金”政策可支付混合动力汽车与汽油原型车差价的一半。更重要的是，近年来由于实现了规模化生产，混合动力电动汽车的价格有了很大的下降，实际购买时基本上消除了与燃油汽车之间的差价，又进一步促进了混合动力电动汽车的销售，从而进入了良性循环。

3）欧洲

德国车企研发电动汽车的步伐相对滞后，但在电动汽车前沿技术方面做出了重要贡献。2004 年，宝马研发的 H2R 赛车搭载一台 6.0L V12 氢动力发动机，最高车速可达 300 km/h。2009 年，德国政府推出的 500 亿欧元的经济刺激计划中，很大一部分用于电动汽车研发。

20 世纪 90 年代中期，法国开始推广电动汽车和天然气汽车。自 2008 年 1 月起，政府按所购买新车的尾气 CO_2 排放量，对车主给予相应的现金“奖罚”。在政府优惠政策的带动下，2010 年雷诺—日产联盟将第一批电动汽车投入市场，2012 年开始批量生产；另外，标致与三菱汽车公司合作，于 2011 年初推出电动汽车。

（2）国内电动汽车的发展现状

2000 年，电动汽车研究项目被列入国家“883”计划 12 个重大专项之一；2006—2007 年，我国电动汽车产业取得了重大发展，自主研制的纯电动、混合动力和燃料电池三类电动汽车产品相继问世。混合动力和纯电动客车实现了规模生产，纯电动汽车实现批量出口，燃料电池汽车研发进入世界先进行列。2008 年，电动汽车在国内已呈全面出击之势，北汽新能源、比亚迪、长安等汽车生产企业在各大国际车展上频频亮相，展出了自主研发的燃料电池电动汽车及混合动力电动汽车。

2016 年，中国电动汽车生产了 51.7 万辆，销售了 50.7 万辆，比 2015 年同期分别增长 51.7% 和 53%，超过美国，成为全球第一。其中，纯电动汽车销量为 40.9 万辆，比 2015 年同期增长 65.1%；插电式混合动力电动汽车产销分别完成 9.9 万辆和 9.8 万辆，同比增长 15.7% 和 17.1%。2018 年 1—12 月中国新能源汽车销量如图 1-3-4 所示。

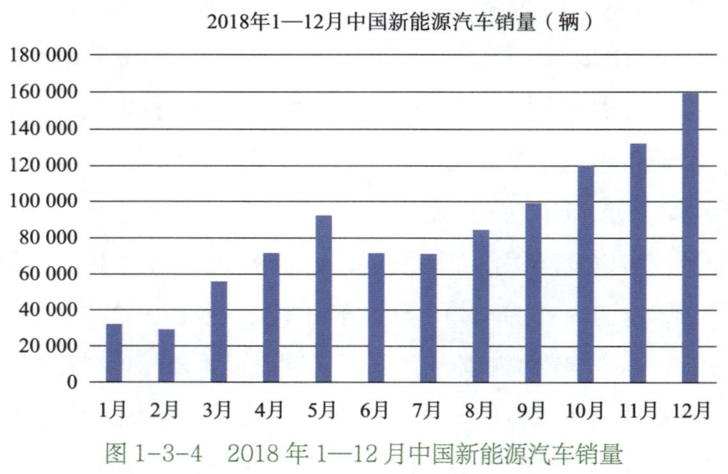

图 1-3-4　2018 年 1—12 月中国新能源汽车销量

2. 国家新能源发展政策

（1）近年来的相关政策

我国发展节能与新能源汽车的技术战略已形成“三纵三横”的布局。“三纵”是指混合动力汽车技术、纯电动汽车技术和氢燃料汽车技术同步发展作为不同阶段的产业化目标；“三横”是指以电池及电池管理系统、电机及驱动系统、能源动力总成控制系统为重点突破方向，它是实现不同阶段产业化目标的技术基础。

2012 年 5 月，国家通过《节能与新能源汽车产业发展规划（2012—2020 年）》（以下简称《规划》），明确提出了实施节能与新能源汽车技术创新工程、科学规划产业布局、加快推广应用和试点示范、积极推进充电设施建设、加强动力蓄电池梯级利用和回收管理五大任务。

产业布局方面：要重点建设动力蓄电池产业聚集区域，力争形成 2～3 家产销规模超过百亿瓦·时、具有关键材料研发生产能力的龙头企业，在正负极、隔膜、电解质等关键材料领域分别形成 2～3 家骨干生产企业。

充电设施建设方面：重点在试点城市建设充电设施，将充电设施纳入城市综合交通运输体系规划和城市建设相关行业规划，积极试行个人和公共停车位分散慢充等充电技术模式。

同时《规划》也明确指出，以纯电驱动作为汽车工业转型的主要战略方向，重点推进纯电动汽车和插电式混合动力汽车产业化，推广普及非插电式混合动力汽车、节能内燃机汽车，提升我国汽车产业整体技术水平，争取到 2020 年新能源汽车产销量超过 200 万辆，累计产销量达到 500 万辆以上；当年生产的乘用车平均燃油消耗量降至每百公里 5.0 L，同时新能源汽车、动力蓄电池及关键零部件技术整体上达到国际先进水平。

发展新能源汽车是我国从汽车大国迈向汽车强国的必由之路，这在我国对新能源汽车发展的四个不变原则中得到了充分反映：国家发展新能源汽车战略不变；以纯电驱动为新能源汽车发展和汽车工业转型的主战略取向不变；确定的节能与新能源汽车的规划目标不变；政府的扶植政策取向不变。

2001 年，我国就已经确定了节能与新能源汽车战略，在“863”计划中列入了电动汽车这一重大专项。2009 年 7 月 1 日正式实施《新能源汽车生产企业及产品准入管理规则》。在 2010—2014 年，为促进新能源汽车的发展又先后颁布实施了《关于开展私人购买新能源汽车补贴试点的通知》《节能与新能源汽车产业发展规划（2012—2020 年）》《关于进一步做好新能源汽车推广应用工作的通知》《关于免征新能源汽车车辆购置税的公告》《关于新能源汽车充电设施建设奖励的通知》等一系列政策和通知。中央和地方每年都有指导和支持新能源汽车发展的相关政策出台。2015 年，在《中国制造 2025》中将新能源汽车制造定义为国家战略，为了规范新能源汽车的发展，颁布实施《新建纯电动乘用车企业管理规定》。从 2014 年开始，在 4 次国务院常务会议报告中都提出了新能源汽车发展的相关指导意见，各种支持新能源汽车发展的落地政策也在不断实施中。

（2）2019 年新能源汽车补贴政策

1）优化技术指标，坚持“扶优扶强”。按照技术上先进、质量上可靠、安全上有保障的原则，适当提高技术指标门槛，保持技术指标上限基本不变，重点支持技术水平高的优质产品，同时鼓励企业注重安全性、一致性。主要是：稳步提高新能源汽车动力蓄电池系统能量密度门槛要求，适度提高新能源汽车整车能耗要求，提高纯电动乘用车续驶里程门槛要求。

2）完善补贴标准，分阶段释放压力。根据新能源汽车规模效益、成本下降等因素以及补贴政策的规定，降低新能源乘用车、新能源客车、新能源货车补贴标准，促进产业优胜劣汰，防止市场大起大落。

3）完善清算制度，提高资金效益。从2019年开始，对有运营里程要求的车辆，完成销售上牌后即预拨一部分资金，满足里程要求后可按程序申请清算。政策发布后销售上牌的有运营里程要求的车辆，从注册登记日起2年内运行不满足2万公里的不予补助，并在清算时扣回预拨资金。

4）营造公平环境，促进消费使用。从2019年起，对符合公告要求但未达到2019年补贴技术条件的车型产品也纳入推荐车型目录。地方应完善政策，过渡期后不再对新能源汽车（新能源公交车和燃料电池电动汽车除外）给予购置补贴，转为用于支持充电（加氢）基础设施“短板”建设和配套运营服务等方面。如地方继续给予购置补贴的，中央将对相关财政补贴做相应扣减。

5）强化质量监管，确保车辆安全。进一步加强安全性和一致性监管，由行业主管部门加快建立产品安全监控和“一致性”抽检常态机制。对由于产品质量引发重大安全事故，或经有关部门认定存在重大质量缺陷的车型，暂停或取消推荐车型目录，并相应暂缓或取消财政补贴。

由此可见，新能源汽车发展是基于能源安全、环境保护、技术竞争力、产业升级的国家战略。

二、新能源汽车发展趋势

1. 世界主要汽车市场电动汽车产销规划

目前，中国、德国、日本、韩国、法国、英国等均提出了明确的电动汽车规划，除中国外，其他都是具有很强汽车工业基础的发达国家。从各国的电动汽车规划时限来看，中国、韩国和法国等提出了较为近期的产销目标，即在5年内达到一定的产销总量或保有量；德国与日本还对2030年提出了较为明确的产销目标。

世界主要汽车市场电动汽车产销规划见表1-3-2。

表1-3-2　　世界主要汽车市场电动汽车产销规划

国家	规划期	新能源汽车产销目标	新能源汽车类型
日本	2020年	年销量200万辆	混合动力120万辆，纯电动80万辆
	2030年	年销量的70%	混合动力、纯电动

续表

国家	规划期	新能源汽车产销目标	新能源汽车类型
德国	2020 年	保有量 100 万辆	电动汽车
	2030 年	保有量 500 万辆	电动汽车
法国	2020 年	累计产量 200 万辆	电动汽车
韩国	2020 年	电动车普及率 10%	电动汽车
中国	2020 年	年产量 200 万辆， 累计产销 500 万辆	插电式混合动力、纯电动

2. 国内电动汽车发展趋势

（1）汽车产业“新四化”大势所趋

汽车产业“新四化”是指电动化、智能化、网联化和共享化。汽车产业“新四化”已经成为汽车行业公认的未来趋势，不具备“新四化”特征便很有可能被淘汰。汽车必将向高级智能移动终端演变，而新能源汽车将迎来高速发展。

（2）新能源汽车产销将持续快速增长

在全球范围内，预计 2022 年新能源汽车销量将达到 600 万辆；到 2030 年，新能源汽车年销量有望达到 1.03 亿辆。2012—2022 年全球新能源汽车销量及预测（万辆）如图 1-3-5 所示。

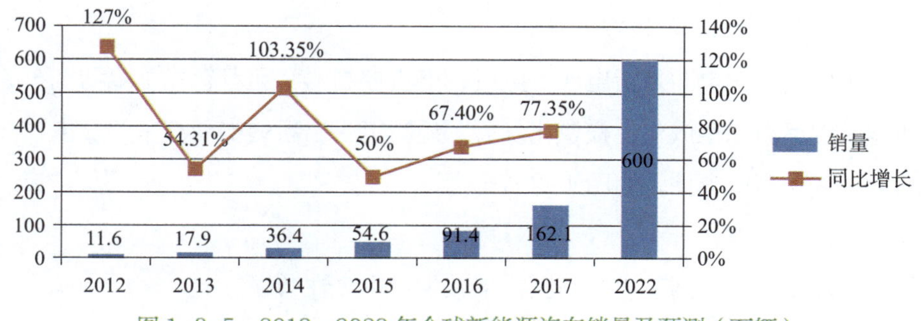

图 1-3-5　2012—2022 年全球新能源汽车销量及预测（万辆）

（3）新能源汽车行业竞争将越来越激烈

国家发改委宣布，2018 年取消新能源汽车外资股比限制。同时，越来越多的新兴造车企业正在进入，新能源汽车行业竞争将越来越激烈。

中国将成为世界最大的新能源汽车市场。新能源汽车市场不仅是个人消费主导的市场，更是一个多元化市场，其增长重点不局限于私人消费，在城市物流车、城市出租车及租赁领域，新能源汽车的市场前景更加广阔。电子商务有力地拉动了微型电动车、电动物流车在城市物流中的使用。如果中国农村电子商务市场被开发出来，将为新能源汽车进军物流产业提供新的战略市场。在城市出租车领域，多家出租汽车公司已将纯电动汽车作为运营车辆，为新能源汽车发展注入强大的市场拉动力。在城市租赁用车领域，各种新能源汽车租赁公司如雨后春笋般涌现，大力发展新能源汽车租赁公司是实现城市交通便捷化、清洁化的必然选择。

（4）新能源汽车技术发展方向

1）新能源市场发展

未来出行方式的变化会带来两个显著的变化：一是高速公路上的乘用车会越来越少；二是私有交通工具数量会大量减少，公共、共享交通工具会越来越多。未来出行方式的变化如图 1-3-6 所示。

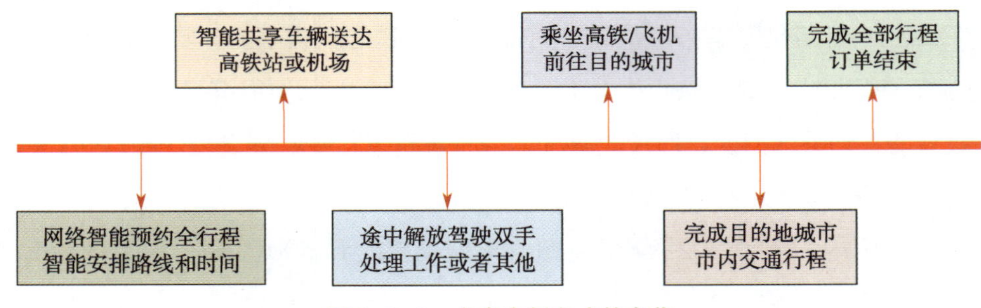

图 1-3-6　未来出行方式的变化

未来交通场景会实现“新四化”：专门化、新能源化、共享化、智能化。

2）新能源汽车“三电”技术的发展

电动汽车传统“三电”是指电池、电机、电机控制器。随着新能源电动汽车的发展，整车的功能系统逐渐向集成化、模块化发展，逐渐衍生出新的电动汽车“三电”，即电池系统、动力总成和高压电控，如图 1-3-7 所示。

①高压器件的集成化

特点：成本降低、空间节省、高压线束减少、可靠性增强。

②驱动系统的集成化

特点：结构紧凑、可靠性高、成本低、效率高。

③新能源高压系统总集成

特点：成本降低、集成度高、电效率高、生产工艺简化。

④电池系统性能的提升

特点：安全、能量密度提高、功率密度提高、SOC 精度提升、循环寿命提升。

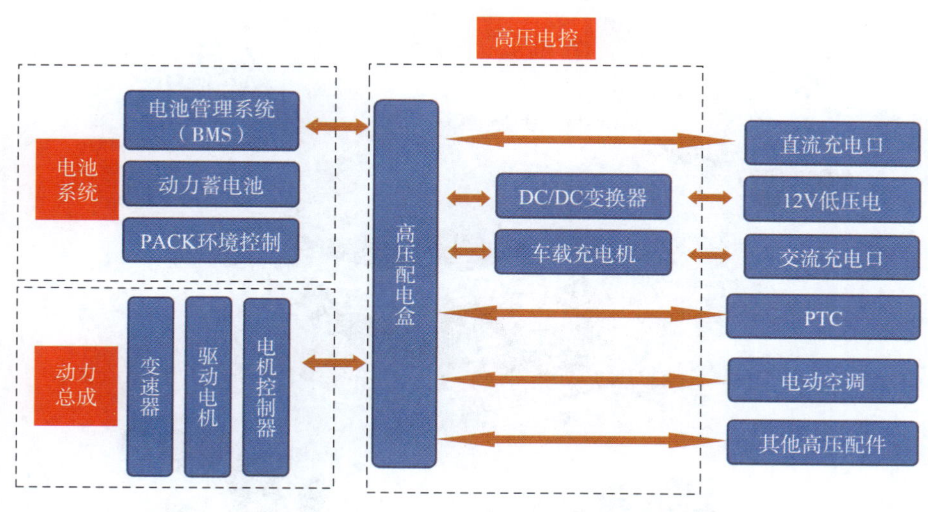

图 1-3-7　电动汽车“三电”

动力蓄电池关键材料国产化进程加快，性能指标稳步提升，成本明显降低；单体电池包、电池管理系统（BMS）等方面的研究全面推进。《节能与新能源技术路线图》中动力蓄电池的技术路线如图 1-3-8 所示。

能量密度提升： 2020年：系统能量密度达到250 Wh/kg 2025年：系统能量密度达到280 Wh/kg	提高安全性： • 新型隔膜　• 电极安全涂层 • 新型电解液　• 优化电池设计
寿命提升： 2020年：系统使用寿命达到10年 2025年：系统使用寿命达到12年	控制成本： 2020年：系统成本为1.0元/Wh 2025年：系统成本为0.9元/Wh

图 1-3-8 《节能与新能源技术路线图》中动力蓄电池的技术路线

⑤无人驾驶充电技术

可调控无线充电技术：可调控充电方向，降低充电枪未对准时的能量损耗，减小体积、降低成本，在偏心状态下保持充电功率的稳定性。

3）车辆智能化

①智能网联

车辆智能网联是指搭载先进的车载传感器、控制器、执行器等装置，并融合现代化通信与网络技术，实现车与 X（人、车、路、后台等）智能信息的交换共享，具备复杂的环境感知、智能决策、协同控制和执行等功能，可实现安全、舒适、节能、高效行驶，并最终可替代人来操作的新一代汽车，如图 1-3-9 所示。

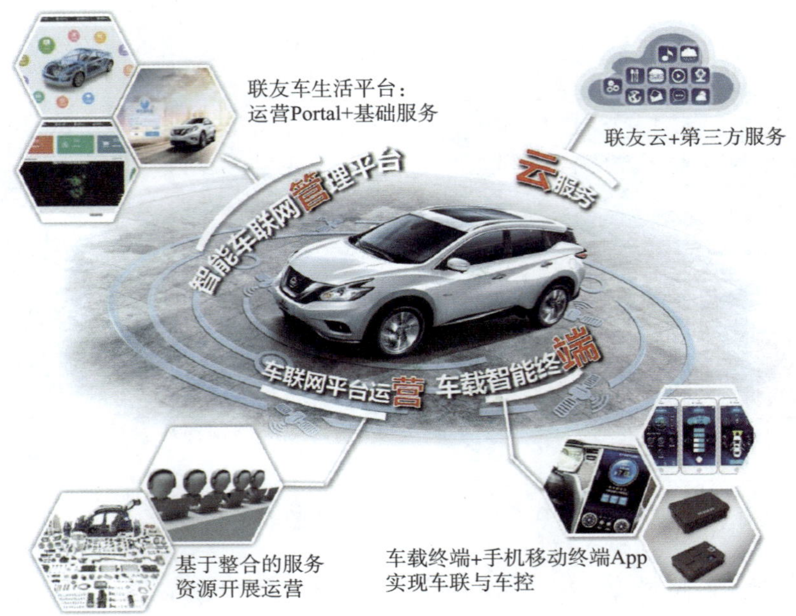

图 1-3-9 车辆智能网联化

②大数据应用

产品设计中的应用：根据大数据优化整车的设计目标参数；根据大数据确定续航里程的最佳选择；根据大数据优化整车控制策略；根据大数据获取电芯数据，为电芯及电池系统的设计提供优化方向。

运营中的应用：根据大数据优化行车路线，根据大数据确定充电时间，根据大数据布置物流运力，根据大数据获取城市区间的消费能力和频次，如图 1-3-10 所示。

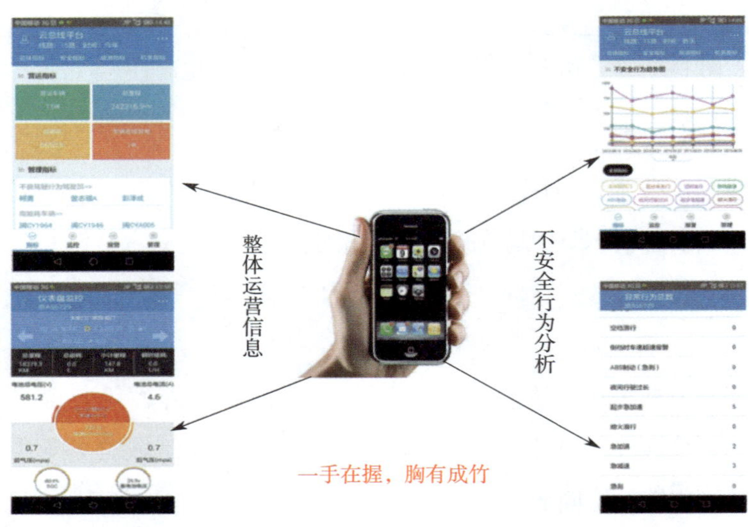

图 1-3-10 车辆大数据的应用

③无人驾驶

实现条件：智能传感监测系统、超声波雷达、毫米波雷达、激光雷达、摄像头、高精度地图与信息的融合。

思考与练习

1. 简述国内电动汽车的发展概况。
2. 国家新能源汽车发展政策有哪些？
3. 新能源汽车的发展趋势是什么？

模块二
电动汽车“三电”系统

课题一 | 动力蓄电池

学习目标

1. 熟悉动力蓄电池的定义、分类、组成及技术参数。
2. 熟悉纯电动汽车动力蓄电池的结构和动力蓄电池管理系统。
3. 能拆装电动汽车动力蓄电池。

想一想

前面已经学习过，电动汽车“三电”系统主要是指电池系统、动力驱动系统和电控系统。目前，电动汽车发展最大的制约来源于其能量存储设备——动力蓄电池。动力蓄电池作为电动汽车的能量来源，是电动汽车产业链的核心，其作用相当于传统汽车的“燃油”。那么，电动汽车动力蓄电池（见图 2-1-1）与普通蓄电池（见图 2-1-2）有哪些区别呢？它是如何工作的呢？

图 2-1-1　纯电动汽车动力蓄电池

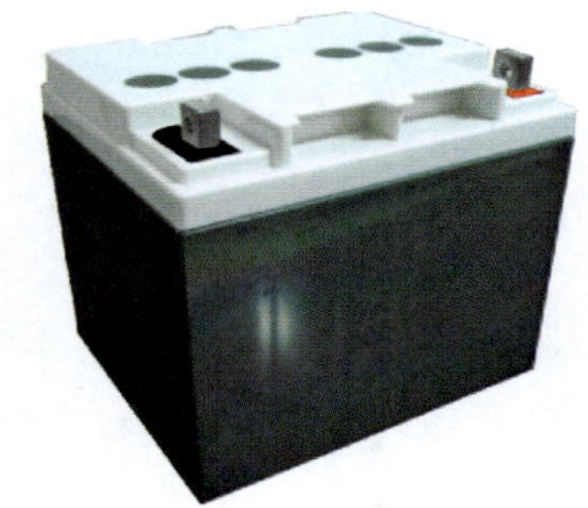

图 2-1-2　普通蓄电池

一、动力蓄电池

1. 动力蓄电池的定义及要求

在国家标准《电动汽车术语》(GB/T 19596—2017)中，对动力蓄电池的定义为：为电动汽车动力系统提供能量的蓄电池。

新能源汽车对动力蓄电池的要求主要有以下几点：

(1) 比能量高

为了提高新能源汽车的续航里程，要求新能源汽车上的动力蓄电池尽可能储存多的能量但又不能太重，其安装电池的空间也有限，这就要求电池具有高的比能量。

(2) 比功率大

为了使新能源汽车在加速行驶、爬坡能力和负载行驶等方面能与燃油汽车相竞争，要求动力蓄电池具有大的比功率。

(3) 充放电效率高

电池中能量的循环必须经过"充电—放电—充电"的循环，充放电效率高对保证整车效率具有至关重要的作用。

(4) 相对稳定性好

电池应当在快速充放电和普通充放电等变工况的条件下，保持性能相对稳定，使其动力系统能在使用条件下达到足够的充放电循环次数。

(5) 使用成本低

除了降低电池的初始购买成本外，还需要提高电池的使用寿命，以延长其更换周期。

(6) 安全性好

电池应不会引起自燃或燃烧，在发生碰撞等事故时，不会对乘员造成伤害。

在新能源汽车商业化发展的今天，动力蓄电池被用来作为电能的来源。随之而来的技术问题主要包括单体电池和电池组电热特性的一致性设计方法、电池荷电状态的准确估计技术以及电池废旧部件的回收设施等。最为重要的是，一定要确保新能源汽车所使用的动力蓄电池成本合理，便于产业化。

2. 动力蓄电池的分类

动力蓄电池按工作介质不同可分为锂离子蓄电池、铅酸蓄电池、金属氢化物镍蓄电池（简称镍氢电池）和超级电容器。

在电动汽车上使用的动力蓄电池主要是镍氢电池（MH–Ni）和锂离子蓄电池（简称锂电池）。例如，丰田普锐斯采用镍氢蓄电池，特斯拉采用三元锂电池，北汽新能源 EV160 采用磷酸铁锂电池，北汽新能源 EV200 采用三元锂电池。

（1）镍氢电池

镍氢电池是 20 世纪 90 年代发展起来的一种新型蓄电池，它的正极主要由镍制成，负极主要由储氢合金制成，是一种碱性蓄电池。丰田普锐斯采用的镍氢动力蓄电池组如图 2–1–3 所示。

镍氢电池具有技术成熟、适合大电流放电、可循环充放电、无污染、耐过充电过放电、使用温度范围宽、安全可靠等特点，被誉为“绿色电源”。但由于其单体电压低，比能量较低，所以在动力蓄电池领域有被锂电池取代的趋势。

（2）锂电池

锂电池是 1990 年由日本索尼公司首先推向市场的新型高能蓄电池。锂电池具有工作电压高、比能量高、循环使用寿命长等优点，广泛应用在电动汽车中，如图 2–1–4 所示。

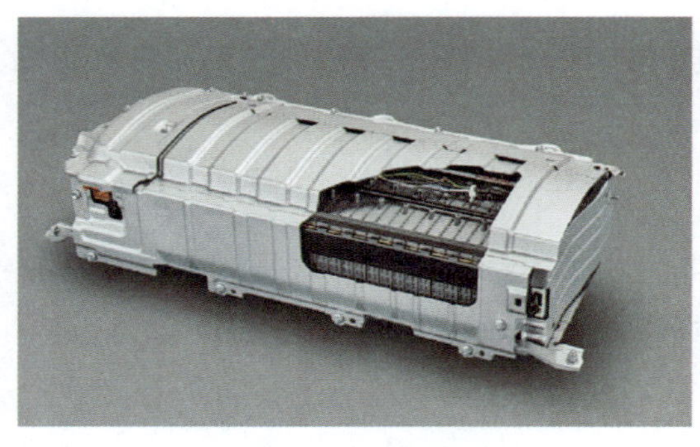

图 2–1–3　丰田普锐斯用镍氢动力蓄电池组

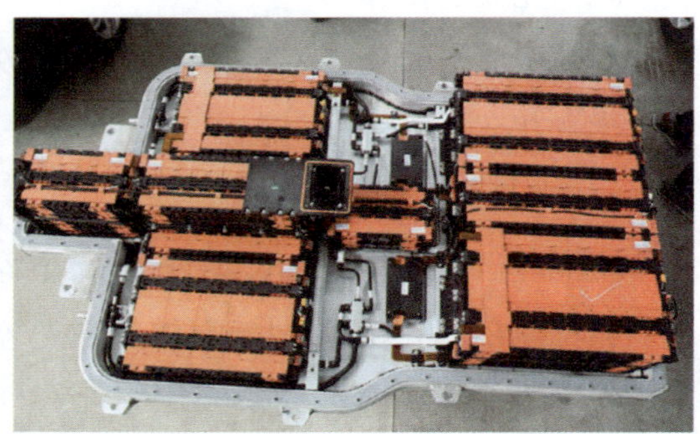

图 2–1–4　锂电池组

锂电池的负极是储锂材料，电解质是锂盐的有机溶液或聚合物，正极材料主要有钴酸锂、锰酸锂、磷酸铁锂和三元材料等。目前，车用锂电池主要分为磷酸铁锂电池和三元聚合物锂电池。

1）磷酸铁锂电池

磷酸铁锂电池是指用磷酸铁锂作为正极材料的锂电池，具有循环寿命（100%DOD，DOD是指蓄电池放电深度，100%DOD表示电池放电量占额定电量的100%）长（800次以上）、使用安全、可大电流快速放电、热稳定性好、金属资源丰富、无记忆效应等特点，因而被很多电动汽车生产厂商选用。不过，磷酸铁锂电池有一个致命的缺点，那就是低温性能较差。试验表明：一块容量为3 500 mA·h的电池，如果在-10 ℃的环境中工作，经过不到100次的充放电循环，电量将急剧衰减至500 mA·h，因此，电池温度管理技术成为电动汽车的一项关键技术。比亚迪e5纯电动汽车用磷酸铁锂电池如图2-1-5所示。

图2-1-5 比亚迪e5纯电动汽车用磷酸铁锂电池

2）三元聚合物锂电池

三元聚合物锂电池简称三元锂电池，其正极使用镍钴锰酸锂[$Li(NiCoMn)O_2$]三元材料，具有能量密度大、单体电压高、循环寿命（100%DOD）长、热稳定性好等特点。但三元锂材料同时具有容易热解的特性，因此在应用过程中应加强过充电保护（OVP）、过放电保护（UVP）、过温保护（OTP）和过电流保护（OCP）等。特斯拉新能源汽车采用的18650三元锂电池组如图2-1-6所示。

为了适应电动汽车对更长续航里程的要求，应提高车辆电池空间的有效利用率。2017年1月4日，特斯拉宣布与松下联合研发的新型21700电池开始量产，相比常见的18650圆柱锂电池，容量可提高35%以上。这是目前可量产电池中能量密度最大且成本最低的电池。

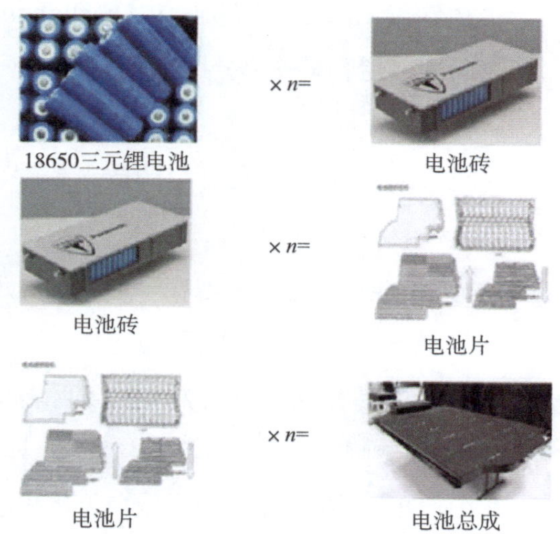

图2-1-6 特斯拉用三元锂电池组

3. 动力蓄电池的技术参数

动力蓄电池的技术参数关系到整车续航里程、加速和爬坡等主要性能，主要包括电压、容量、荷电状态、放电深度、能量、功率与比功率、循环寿命等参数。

（1）电压

电压可分为开路电压、标称电压和放电截止（终止）电压等。

1）开路电压：蓄电池在开路条件下的端电压。

2）标称电压：由厂家指定的用以标识电池适宜电压的近似值。

3）放电截止（终止）电压：蓄电池正常放电时允许达到的最高电压。

（2）容量

完全充电的蓄电池在规定条件下所释放出的总容量，单位为 A·h。

1）理论容量：假设活性物质完全被利用，蓄电池可释放的容量值。

2）初始容量：新出厂的动力蓄电池，在室温下完全充电后，以 $1I_1$（A）电流放电至企业规定的放电终止条件时所放出的容量（A·h）。I_1 表示 1 小时率放电电流，其数值等于 C_1（A）。C_1 为 1 小时率额定容量（A·h）。

3）额定容量：在规定条件下测得的由制造商标明的电池容量值。

（3）荷电状态

电池荷电状态（SOC，State of Charge）是指当前蓄电池按照规定放电条件可以释放的容量占可用容量的百分比。荷电状态是电池使用过程中的重要参数。

（4）放电深度

放电深度（DOD，Depth of Discharge）是表示蓄电池放电状态的参数，等于实际放电容量占额定容量的百分比。

（5）能量

电池能量是指电池在一定的放电条件下，对外做功所能输出的电能，单位为瓦时（W·h）。

1）理论能量：是指电池在一定标准规定的放电条件下，电池所输出的能量，是电池的理论容量与额定电压的乘积。

2）实际能量：是指电池放电时实际输出的能量，数值上等于电池实际容量与电池平均工作电压的乘积。

3）比能量：是指单位质量或单位体积的电池所放出的能量，称为质量比能量或体积比能量，也称为能量密度，单位为 W·h/kg 或 W·h/L。

（6）功率与比功率

在一定放电条件下，单位时间内电池输出的能量称为电池的功率，单位为 W 或 kW。单位质量或单位体积电池输出的功率称为比功率，单位为 W/kg 或 W/L。比功率的大小表征电池所承受的工作电流的大小，是体现电池性能的一项重要指标。

（7）循环寿命

循环寿命是指在指定的充放电终止条件下，以特定的充放电规则进行充放电，动力蓄电池在不能满足寿命终止标准前所能进行的循环数。电动汽车用动力蓄电池一般在80%DOD、常温条件下进行循环。单体蓄电池的循环寿命并不代表电池系统的使用寿命，电池成组后由于温度、一致性、使用环境等原因，其使用寿命比单体蓄电池的循环寿命要低得多，正常情况下电池组的使用寿命仅为单体蓄电池循环寿命的50%~80%。

（8）荷电保持能力

电池在开路时存在自放电现象。电池的荷电保持能力是指在规定条件下，电池开路时保持荷电的能力。

（9）充电效率

充电效率是库仑效率与能量效率的总称。充电效率受充电电流、温度等多种因素影响。一般情况下，充电初期效率很高，约为90%。充电后期由于电池充电接受能力下降、极化等因素导致充电效率下降。另外，在低温和高温环境下充电，也会导致充电效率下降。

（10）内阻

内阻是指蓄电池中的电解质、正负极群、隔膜等电阻的总和。内阻与电池荷电状态、使用寿命状态、温度、充放电电流等因素有关，无法用常规的方法进行精确测量。目前，蓄电池内阻的测量方法主要有直流放电内阻测量法和交流压降内阻测量法两种。

（11）低温放电能力

动力蓄电池在高温情况下的放电容量与常温放电接近，甚至略高。但在低温条件下，其放电能力受到限制。低温放电能力是指电池在常温条件下充满电后，在规定的温度（-20 ℃或 -30 ℃）下搁置一段时间，按照规定的电流放电到终止电压所能放出的容量占常温下容量的百分比。

（12）不一致性

不一致性是指同一规格、同一型号电池在电压、内阻、容量、充电接受能力、循环寿命等参数方面存在的差别。由于不一致性的影响，动力蓄电池组在电动汽车上的使用性能指标往往达不到单体蓄电池原有的水平，使用寿命可能会缩短数倍甚至十几倍，严重影响电动汽车的使用性能。

4. 动力蓄电池的性能比较

镍氢电池与锂电池的性能比较见表 2-1-1。

表 2-1-1 镍氢电池与锂电池的性能比较

参数名称	镍氢电池	锂电池
单体蓄电池电压 /V	1.2	3.2～3.7
比能量 /（W·h/kg）	60～90	70～160
循环寿命 /［（100%DOD）/ 次］	≥400	≥600
放电率 /（%/ 月）	20～35	6～8
快速充电能力	较好	好
耐过充电能力	强	差
记忆效应	无	无
环境污染	微小	微小
使用温度范围 /℃	-20～+50	-20～+55
价格 /［元 /（W·h）］	2～7	2～7

各类锂电池的性能比较见表 2-1-2。

表 2-1-2 各类锂电池的性能比较

项目	钴酸锂	锰酸锂	三元锂	磷酸铁锂
电压 /V	3.6～3.7	3.6～3.7	3.6～3.7	3.2～3.3
比能量 /（W·h/kg）	>150	>100	>140	>70
循环寿命 /［（100%DOD）/ 次］	>600	>600	>600	>800
安全性	低	较高	较高	高
热稳定性	不稳定	较稳定	较稳定	稳定
过渡金属资源	贫乏	较丰富	较丰富	丰富
原料成本	昂贵	较低	较低	低

5. 其他类型动力蓄电池

（1）燃料电池

燃料电池电动汽车是指以氢气、甲醇等为燃料，通过化学反应产生电流，依靠电动机驱动的汽车，其核心部件是燃料电池。燃料电池是一种能够持续地通过发生在阳极和阴极的氧化还原反应将化学能转化为电能的能量转换装置。燃料电池与常规电池的区别在于，它工作时需要连续不断地向电池内输入燃料（氢气等）和氧化剂，只要持续供应，燃料电池就会不断提供电能。燃料电池电动汽车实质上是电动汽车的一种，在车身、动力传动系统、控制系统等方面，燃料电池电动汽车与纯电动汽车基本相同，主要区别在于动力蓄电池的工作原理不同。

以氢—氧型燃料电池为例，其基本原理是将氢与氧做化学反应产生的化学能转化为电能，如图 2-1-7 所示。燃料电池的基本原理相当于电解反应的逆反应。氢气和氧化剂在电池的阴极和阳极上借助催化剂的作用电离成离子，离子通过两电极之间的电解质在电极间迁移，在阴极、阳极之间形成电压。燃料的化学能直接转换为电能，不需要进行燃烧，能量转换率可达 60%～80%。

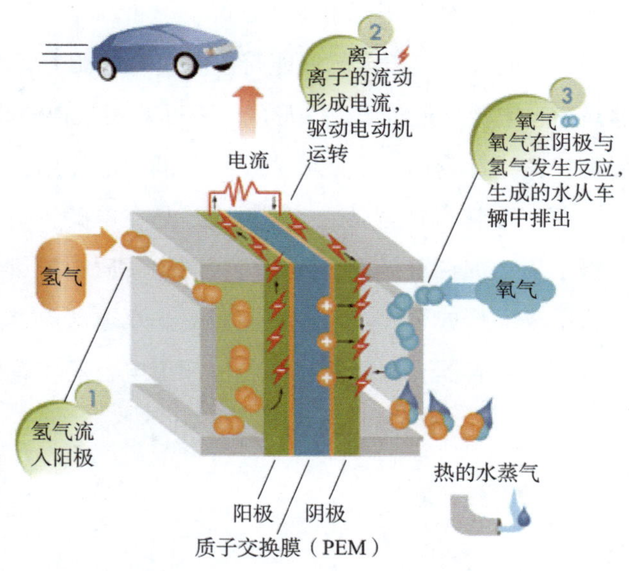

图 2-1-7 燃料电池的结构与工作原理

虽然氢燃料电池汽车在环保方面有很大的优势，但是它还处于初级发展阶段。限制其发展的主要因素有以下几个方面：

1）生产成本高

目前，不论是液态氢、气态氢、储氢金属储存的氢，还是由碳水化合物经过化学反应转换的氢均可作为氢燃料电池的燃料，但氢气的产生、储存、保管、运输、灌装或重整都比较复杂，且对安全性要求很高。燃料电池中燃料的生产、运输、储存等方面的成本较高。

2）使用配套不足

由于氢燃料的生产、储存、运输等存在一定的安全隐患，因此加氢站等基础网络设施建设相对落后，这制约了燃料电池电动汽车的推广。

3）需要配备辅助电池系统

氢燃料电池可以持续发电，但不能充电和回收再生制动的反馈能量。通常在氢燃料电池汽车上需增加辅助电池，来储存燃料电池富余的电能和在氢燃料电池汽车减速时接收再生制动时的能量。

燃料电池因其燃烧效率高、比能量大、供电时间长、使用寿命长、可靠性高、噪声低，以及不产生有害排放物 NO_2 等优点而引起业内关注。与内燃机汽车相比，氢燃料电池电动汽车有害气体的排放量减少约 99%，CO_2 排放量减少约 75%，燃料电池能量转换效率为内燃机汽车的 2.5 倍，燃料电池有望成为继内燃机之后的汽车最佳动力源。

（2）超级电容器

超级电容器是指介于传统电容器和充电电池之间的一种新型储能装置，它既具有电容器快速充放电的特性，同时又具有电池的储能特性。图 2-1-8 所示为超级电容器的放电原理。超级电容器是通过电极与电解质之间形成的界面双层来存储能量的新型元器件。当电极与电解液接触时，由于库仑力、分子间力及原子间力的作用，使固液界面出现稳定和符号相反的双层电荷，称其为界面双层，可看成是悬在电解质中的 2 个非活性多孔板。电压加载到 2 个板上后，加在正极板上的电势吸引电解质中的负离子，负极板吸引正离子，从而在两电极的表面形成了一个双电层电容器。双电层电容器根据电极材料的不同，可以分为碳电极超级电容器、金属氧化物电极超级电容器和有机聚合物电极超级电容器。

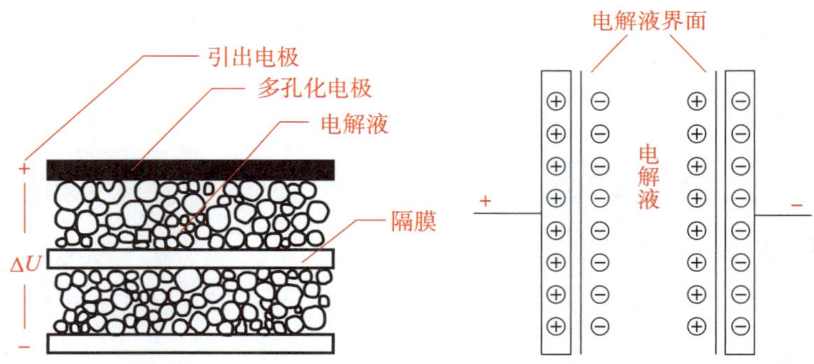

图 2-1-8　超级电容器的放电原理

（3）飞轮电池

飞轮电池是 20 世纪 90 年代才提出的新概念蓄电池，当飞轮以一定的角速度旋转时，就具有一定的动能。飞轮电池是一种以动能方式储存能量的机械蓄电池，其主要由电机、功率转换装置、电子控制装置、飞轮、磁浮轴承和真空壳等组成，具有比能量高、比功率高、使用寿命长和环境适用性好等特点。

保时捷 918 Spyder 及其装备的飞轮电池如图 2-1-9 所示。当飞轮转速上升时，电池为储能状态；当飞轮转速下降时，电池为功能状态。

图 2-1-9　保时捷 918 Spyder 及其装备的飞轮电池

（4）生物燃料电池

生物燃料电池是利用生物（如生物酶、微生物或叶绿素等）分解反应过程中表现出来的带电现象所进行的能量转换，包括酶电池、微生物电池和生物太阳能电池等。生物燃料电池不需要进行废气处理，它所产生的废气的主要成分是 CO_2。

SONY 公司在 2011 年底于东京举行的环保用品展上展出了一种新的电池样品，利用纤维素酶使纸中的纤维素转换为葡萄糖，然后再使葡萄糖氧化发电。该生物燃料电池所产生的动力可供一台小风扇使用。

6. 动力蓄电池的结构

（1）镍氢电池的结构

镍氢电池一般有方形和圆柱形两种结构，方形包括塑料壳和金属壳两种。方形镍氢电池的结构如图 2-1-10 所示，主要由负极柱、正极柱、安全阀、隔膜、正极板、负极板、绝缘垫、电池壳等组成。

1）正、负极板：电池反应的主体，电池的能量储存在正、负极板。

2）隔膜：用于隔离正、负极板，储存电解液，提供离子通道，阻隔电池内部正、负极板之间电子的通道。

3）安全阀：用于电池的密封。当电池内部压力过大时，安全阀开启，释放气体，降低电池内部压力，提高电池安全性。

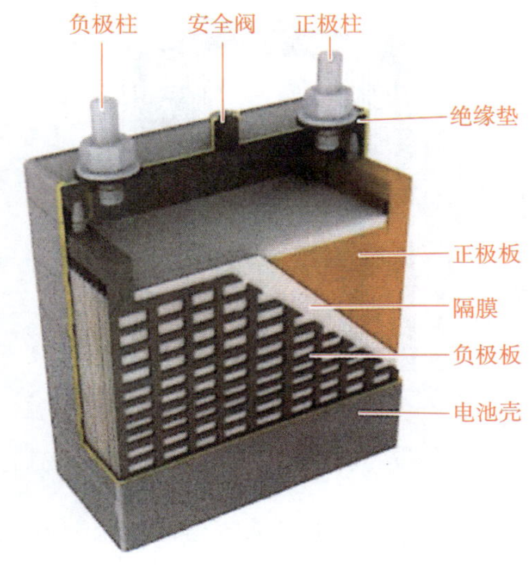

图 2-1-10　方形镍氢电池的结构

4）绝缘垫：实现电池极柱与电池壳体之间的绝缘。

方形电池极组由多片负极板、多片正极板和隔膜叠片组成。通常负极板比正极板要多一片，最外侧两片电极板均为负极板。

圆柱形镍氢电池的结构如图 2-1-11 所示，也包括电池壳体、正极板、负极板、隔膜和安全阀等。圆柱形电池极组一般由单个正、负极片和隔膜卷绕形成。

在应用过程中，由于活性物质的结构变化，电极会发生膨胀，圆柱形电池的耐压程度要远高于方形电池，所以一般圆柱形电池的安全阀开启压力要比方形电池高得多。方形电池在应用中容易发生膨胀，组合应用时需要采取防膨胀措施。

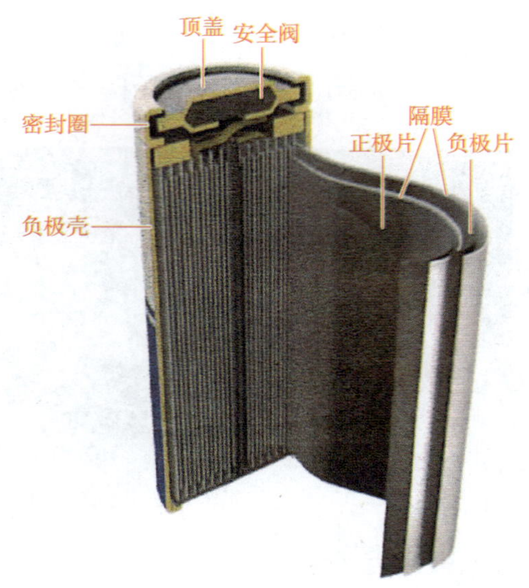

图 2-1-11　圆柱形镍氢电池的结构

（2）锂电池的结构

锂电池按照封装形式不同，可分为方形、圆柱形、软包结构三种类型，其中方形又有塑料外壳和金属外壳两种封装形式。锂电池的结构如图 2-1-12 所示。由于锂电池活性物质与镍氢电池的活性物质相比，导电性相对较差，为提高电池性能，锂电池电极很薄，通常为 100～200 μm。

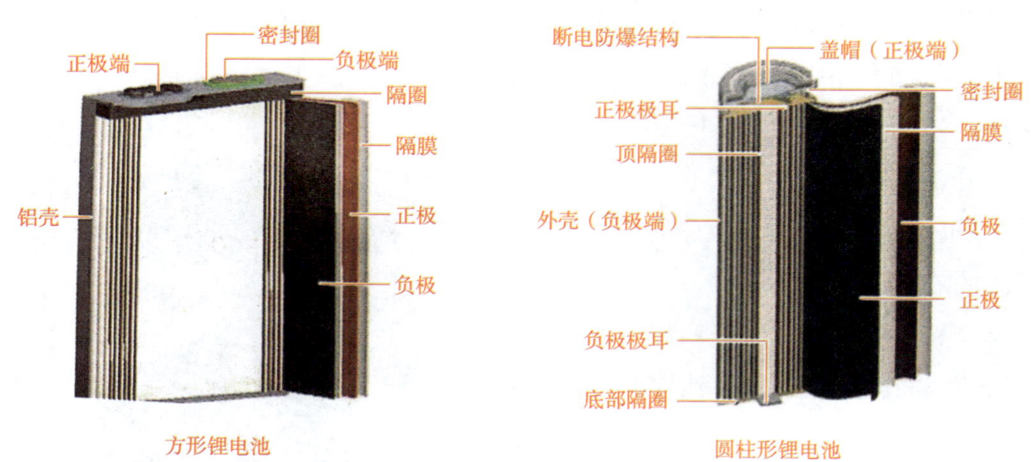

图 2-1-12　锂电池的结构

方形锂电池的结构与方形镍氢电池基本相同。根据电池的大小及制作工艺，方形锂电池和软包电池的极组结构可以为卷绕式或叠片式。

二、纯电动汽车动力蓄电池

动力蓄电池技术（包括电芯技术、成组技术和蓄电池管理系统技术）是连接整车和动力蓄电池研发生产的纽带和桥梁。

1. 电芯型号与规格

在电池成组（PACK）时，一般把未组装的电池称为电芯，而把连接上 PCM 板、有充放控制等功能的成品称为电池。

根据《含碱性或其他非酸性电解液的二次电池单体和电池：便携式锂二次电池单体或电池》（IEC 61960—2011）的规定，单体蓄电池命名规则如图 2-1-13 所示。

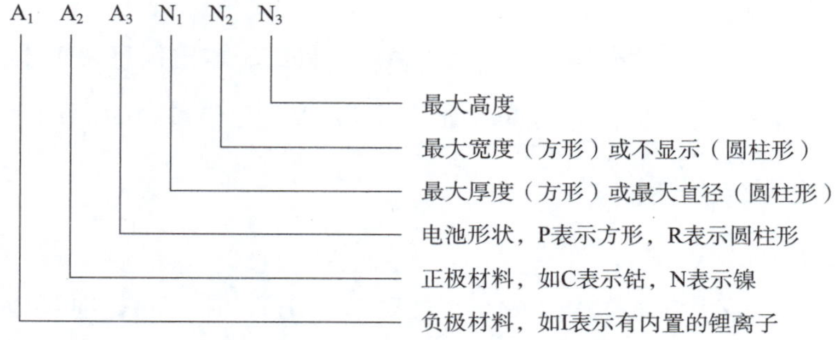

图 2-1-13 单体蓄电池命名规则

对于方形电芯，如 ICP 383450，是指实体部分厚为 3.8 mm、宽为 34 mm、高（长）为 50 mm 的方形锂离子电芯，如图 2-1-14 所示。

对于圆柱形电芯，如 ICR 18650 型号，是指直径为 18 mm、高为 65 mm 的通用 18650 圆柱形锂离子电芯，如图 2-1-15 所示。

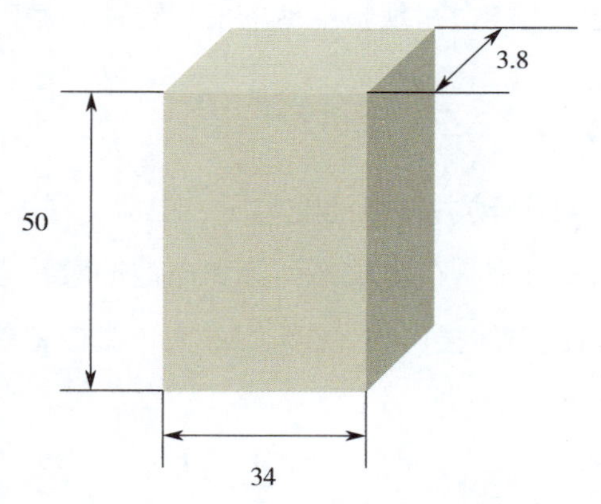

图 2-1-14 ICP 383450 型号电芯

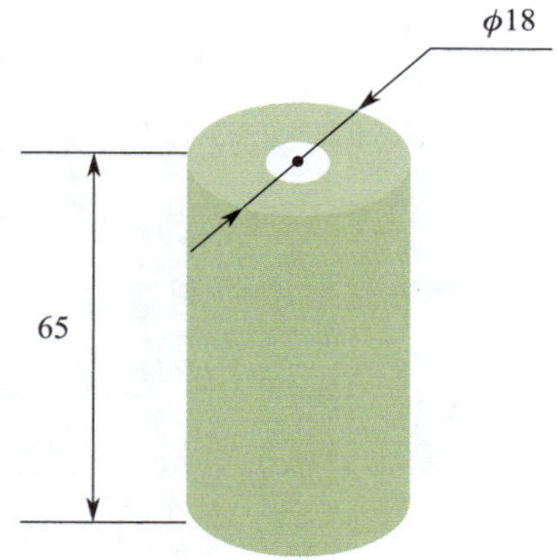

图 2-1-15 ICR 18650 型号电芯

2. 电池组的组合方式

一般将单体蓄电池通过串联或并联构成一个电池模块，再将若干电池模块通过串联或并联组合成动力蓄电池组使用，以满足电动汽车对电压和电流的需要。

3. 电池的并联数量与串联数量的选用

每个车型有不同的设计要求，需要根据具体车型适配不同容量的电池组，进而确定串并联形式和电芯规格等。应先分析车辆的设计要求，如最高车速、最高车速持续时间、加速时间、整备质量、满载质量、最大爬坡度、迎风面积等，由此可以计算出风阻、轮胎变形阻力、坡道阻力、加速时的驱动力等；进而，计算出电机驱动力和额定功率与最大功率；然后，从电机功率计算出动力蓄电池最大功率以及容量，确定满足用户的续航里程需要的总安时数和总瓦时数；最后，根据技术参数选择电芯材料、规格、并联电芯组数和串联电池组数。

比亚迪 e5 车型的动力蓄电池系统由动力蓄电池模组、电池信息采集器、串联线、托盘、密封罩、电池采样线组成。额定总电压为 653.4 V，总电量为 42.47 kWh。

4. 电池管理系统（BMS）

（1）电池管理系统的定义

在国家标准《电动汽车术语》(GB/T 19596—2017）中，对电池管理系统（BMS，Battery Management System）的定义为：监视动力蓄电池的状态（温度、电压、荷电状态等），可以为动力蓄电池提供通信、安全、电芯均衡及管理控制，并提供与应用设备通信接口的系统。

BMS 作为动力蓄电池与 VCU（整车控制器）沟通的桥梁，通过控制接触器控制动力蓄电池组的放电，并向 VCU 上报动力蓄电池系统的基本参数及故障信息。BMS 不仅要保证电池安全可靠地使用，而且要充分发挥电池的能力和延长电池的使用寿命，是电池保护和管理的核心部件。

（2）电池管理系统的基本功能

BMS 工作原理如图 2-1-16 所示，BMS 实时监测动力蓄电池的电压、电流、温度、绝缘等参数，根据检测参数进行热管理、电池均衡管理、荷电状态计算和电池健康状态诊断等，充电过程中控制最佳充电电流，通过 CAN 总线接口与 VCU、MCU（微控制单元）、车载显示系统等进行实时通信。

BMS 的基本功能如图 2-1-17 所示，其主要功能有：

1）电池状态监测。实时采集电动汽车动力蓄电池中每个电池模块的端电压、充放电电流、电池组总电压及温度等，通过软件分析单体蓄电池状态，有效预测单体蓄电池的供电性能，及时发现性能劣化的故障电池，为电池组精细维护提供参数依据，保证电池安全、无故障运行，降低维护人员的劳动强度，提高工作效率和测试的安全性、可靠性。

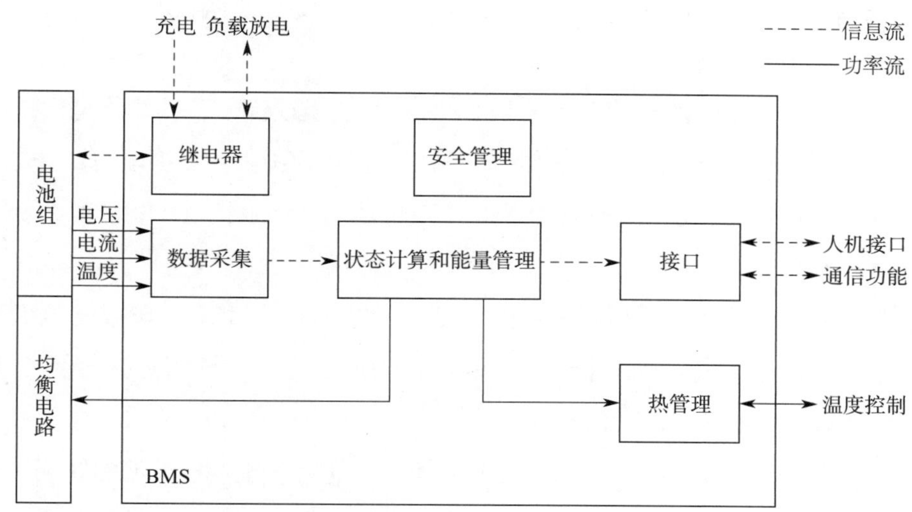

图 2-1-16　BMS 工作原理简图

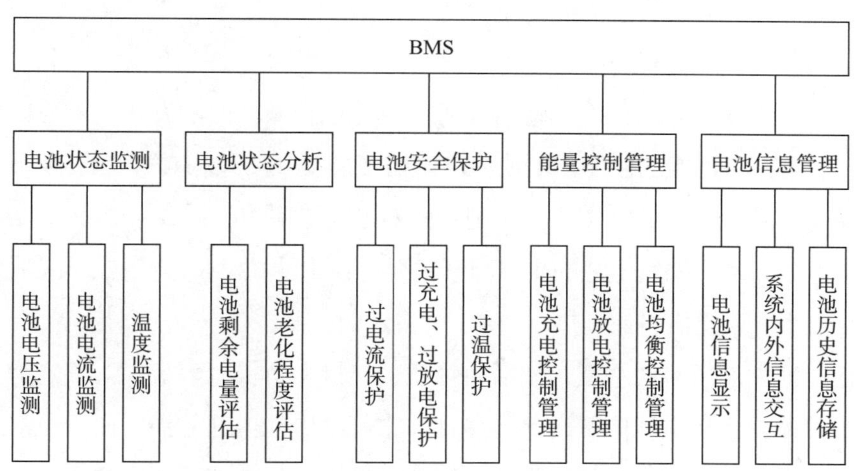

图 2-1-17　BMS 的基本功能

2）电池状态分析。包括电池剩余电量评估和电池老化程度评估。BMS 能准确估测动力蓄电池组的荷电状态，从而随时预报电动汽车动力蓄电池还剩多少能量或电池的 SOC（荷电状态），使电池的 SOC 值控制在 30%～70% 的工作范围内。

3）电池安全保护。当电池电量过低需要充电时，BMS 能及时发布充电提示信息，防止电池过放电而损害电池的使用寿命。根据电池 SOC 限制充电电流或放电电流，防止过充电或过放电。当电池组的温度过高或过低时，对电池组进行热管理，以保证电池正常工作。

4）能量控制管理。包括电池充电、放电控制管理，以及电池均衡控制管理功能。

一致性补偿——当电池之间有差异时，有一定的措施进行补偿，并用一定的手段来显示性能不良电池的位置，以便修理替换。一般采用充电补偿功能，设计有旁路分流电路，以保证每个单体蓄电池都可以充满电，这样可以减缓电池老化进度，延长电池的使用寿命。

热平衡管理——蓄电池热管理系统是 BMS 的有机组成部分，其功能是通过风扇等冷却系统和 PTC 加热装置使电池温度处于正常工作温度范围内。热管理的目的是维持单体蓄电池间的温度均衡，避免由于温度不均衡使电池的不一致性进一步扩散，从而提高电池组的使用寿命。

5）电池信息管理。通过 CAN 总线建立 BMS 与 VCU、MCU、车载充电机及显示仪表之间的通信，能完成电池信息显示、系统内外信息交互、电池历史信息存储等功能。

（3）电池荷电状态（SOC）估算

SOC 估算是反映过充电或过放电的主要依据，一定程度上反映电池的健康信息。动力蓄电池内部的高度非线性以及电池组内部的不一致性决定了 SOC 的估算难度。准确估算电池的 SOC 数值是 BMS 的关键性技术之一。

（4）动力蓄电池组热管理

动力蓄电池组作为电动汽车的动力能源，其充电和做功时的发热一直阻碍着电动汽车的发展。动力蓄电池组的性能与电池温度密切相关，40 ℃以上的高温会明显加速电池的衰老，更高的温度（如 120 ℃以上）则会引发电池热失控。

以镍氢电池为例，镍氢电池的生热因素主要有：电池化学反应生热、电池极化生热、过充电副反应生热以及内阻焦耳热。

如果把电池内部所有的物质（如活性物质、正极和负极、隔板等）假定为一个具有相同特性的整体，假定电池内部的热传导性非常好，电池内部等温。由于电池壳体基本不产生热量，因而其温度与电池内部的温度非常接近。放电前后动力蓄电池组电池温度对照见表 2-1-3。可以看出，经过变电流放电工况后，电池的最高温度约为 35.5 ℃，相比充电前温度升高了 5.3 ℃。

表 2-1-3　放电前后动力蓄电池组电池温度对照　℃

工况	最高温度	最低温度	平均温度
放电前	30.2	29.2	29.7
放电后	35.5	32.3	33.9

动力蓄电池组采用热管理的作用是通过对动力蓄电池组冷却（电池组在充放电时会

释放一定的热量，需要对电池组进行冷却）或加热（在低温环境下，需要对电池组进行加热处理，以提高其运行效率），保持动力蓄电池组较佳的工作温度，以改善其运行效率，并提高电池组的使用寿命。

动力蓄电池组冷却系统的组成如图 2-1-18 所示。

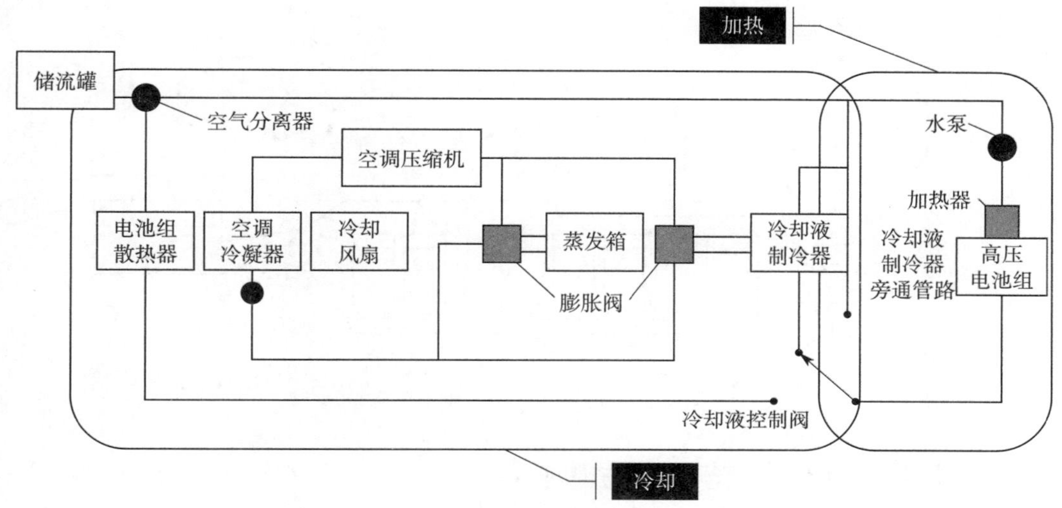

图 2-1-18　动力蓄电池组冷却系统的组成

目前，应用在动力蓄电池上的冷却方式有水冷式和风冷式两种。

水冷式动力蓄电池冷却系统如图 2-1-19 所示，主要由散热器、制冷剂组、蒸发器、冷凝器和冷却液回路等组成。水冷式动力蓄电池冷却系统的优点是：电池平均能量效率高；电池模块结构紧凑，冷却效果优异；能集成电池加热组件，解决了在环境温度很低的情况下加热电池的问题。缺点是：系统复杂，增加了很多部件，如水泵、阀、低温水箱等，提高了产品成本。

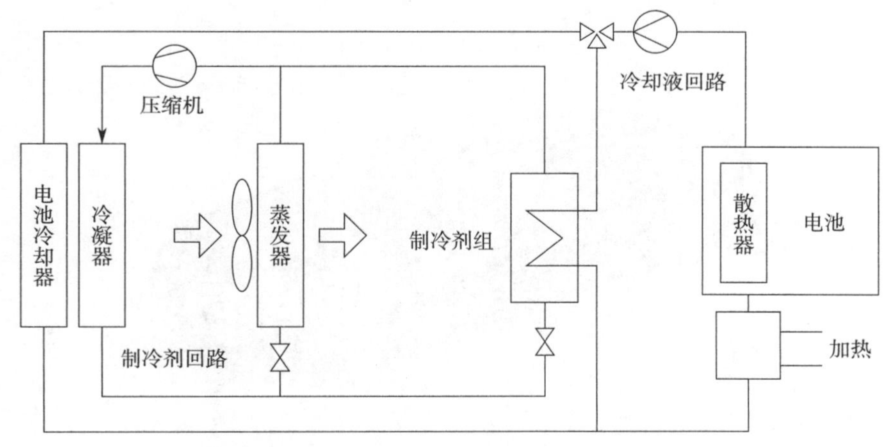

图 2-1-19　水冷式动力蓄电池冷却系统

风冷式动力蓄电池冷却系统如图 2-1-20 所示。风冷式动力蓄电池冷却系统在电池温度较高时，利用乘客舱内空调产生的冷空气对电池组进行冷却；在环境温度较低时，利用乘客舱内暖空气对电池组进行保温。空气在电池模块中的流动有串行通风、并行通风等方式。

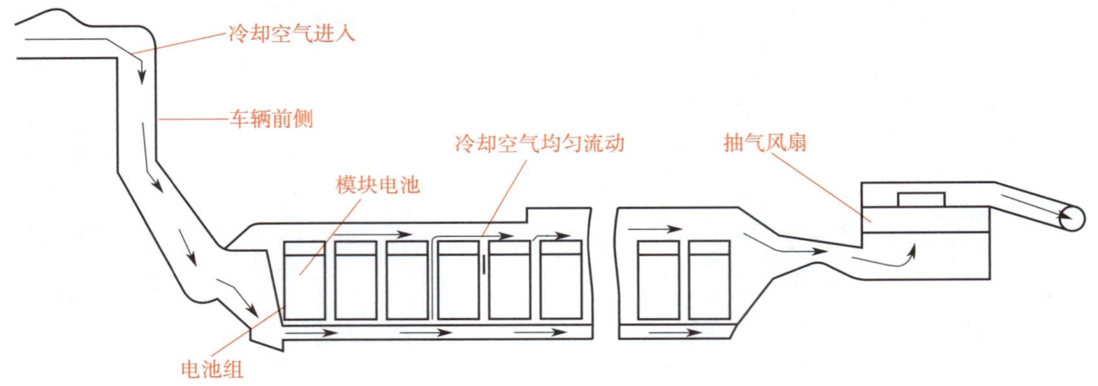

图 2-1-20　风冷式动力蓄电池冷却系统

三、混合动力电动汽车动力蓄电池

混合动力电动汽车是介于内燃机汽车与电动汽车之间的一种车型，是内燃机汽车向纯电动汽车过渡的车型。混合动力电动汽车与传统汽车的最大区别在于其动力系统，其至少拥有两个动力源和两个能量储存系统。混合动力电动汽车所使用的动力蓄电池基本上以镍氢电池和磷酸铁锂电池为主。

雷克萨斯混合动力汽车（见图 2-1-21）的动力蓄电池使用镍氢电池。雷克萨斯全混动科技可支持前驱、后驱、四驱等所有驱动系统，并覆盖紧凑型轿车至中大型 SUV 等多款车型，让消费者有多种选择，从而带来不凡体验。

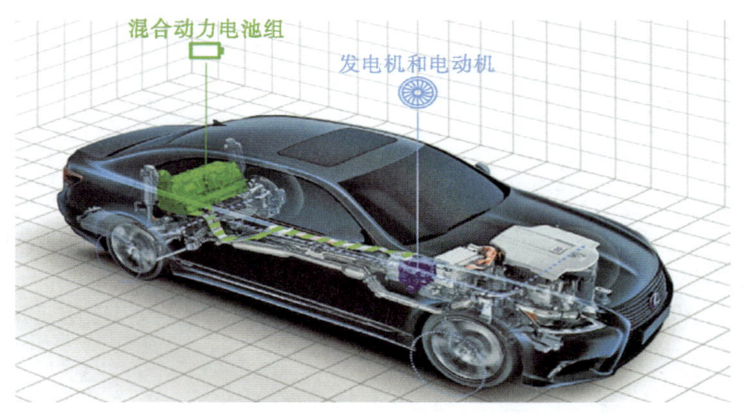

图 2-1-21　雷克萨斯混合动力汽车

四、动力蓄电池的拆卸及认知

比亚迪—秦是比亚迪股份有限公司自主研发的 DM 二代（在纯电动和混合动力两种模式之间进行切换）的高性能三厢轿车。

1. 电池性能及安装位置

比亚迪—秦的动力蓄电池采用磷酸铁锂电池。比亚迪—秦动力蓄电池的每个单体电池电压为 3.3 V，电池包标称电压为 501.6 V，额定容量为 26 Ah，一次充电用电量为 13 度。

以比亚迪—秦混动 14 款车型为例，动力蓄电池安装在后排座椅与行李舱之间（见图 2-1-22）。

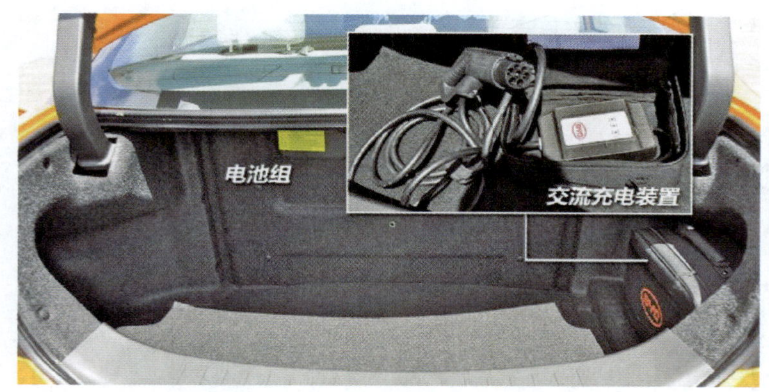

图 2-1-22　动力蓄电池组的安装位置

2. 动力蓄电池的拆卸

下面以拆卸比亚迪—秦轿车动力蓄电池为例，讲解动力蓄电池的拆卸方法及拆卸步骤。

（1）防护用具

动力蓄电池包属于高压部件，在拆卸过程中，工作人员需要进行自身及现场安全防护。进行拆装作业前，还应对维修现场进行前期防护准备，拉上安全警戒线并放置警示牌。防护用具见表 2-1-4。

表 2-1-4　　防护用具一览表

图片	名称	要求	用途
	手套	帆布手套	用于拆卸螺钉等部件，以及搬运物品过程中的手部防护

续表

图片	名称	要求	用途
	绝缘鞋	耐压 1 000 V 以上	用于拆卸或解除高压部件时的脚部防护
	绝缘胶带	普通电工绝缘胶带	用于动力蓄电池引出线、维修开关、信号线接口处的防护
	绝缘手套	耐压 1 000 V 以上	用于操作高压部件时的手部、臂部的防护
	护目镜	抗冲击、耐酸碱液腐蚀	用于拆卸动力蓄电池时的眼部防护
	隔离带	颜色醒目，具有隔离作用	用于对高压作业现场进行隔离
	安全盒	带有开关锁	维修人员用于存放维修开关，防止其他人员误连接维修开关的装置
注意 CAUTION 高压危险 禁止靠近	警示牌	醒目、警示标语清晰可见	用于高压作业过程中对周围人员进行警示作用
请勿通断！	提示牌	醒目、提示标语清晰可见	在高压作业时，安放在防止误操作重新连接处，提醒操作人员及其他人员注意

（2）操作工具

动力蓄电池包属于高压部件，且自身重量较重。在进行拆卸项目时需要的操作工具见表 2-1-5。

表 2-1-5 操作工具一览表

图片	名称	要求	用途
	高压绝缘工具组件	耐压 1 000 V 以上	用于拆卸螺钉等
	世达工具（套筒扳手组件）	常用的汽修 120 件工具	用于拆卸车辆零部件等

（3）注意事项

注意事项

比亚迪—秦混动车型动力蓄电池拆装注意事项

动力蓄电池属于高压危险产品，在拆装过程中维修人员需要注意以下事项：

1. 没有经过比亚迪公司授权的服务店人员不能私自拆卸动力蓄电池橘黄色线连接部分或者贴有高压标识的零部件。

2. 在拆装过程中，凡是拆卸高压电控总成及动力驱动系统的橘黄色线连接部分或者贴有高压标识的零部件时，需由教师先进行示范操作，学生进行观看学习。教师需按照高压安全操作规程做好高压安全防护后方可操作。其他类型的拆装操作可由学生单独进行。

3. 拆卸动力蓄电池前，应断开动力蓄电池包维修开关，且对开关插座进行绝缘覆盖保护。

4. 对动力蓄电池动力输出出口插座必须进行绝缘覆盖保护，避免异物落入造成触电。

5. 在拆卸过程中，注意不能用力拉拔信号线，避免其过度弯曲，以防信号线受损。

6. 在安装过程中，必须按照设计扭矩要求使用专业工具紧固螺钉。

7. 在进行动力铜排连接片与模组连接位置装配前，应先进行除尘、去污处理。

8. 在动力蓄电池拆卸过程中，应注意标识零部件，以免遗漏或装错。

9. 安装完成后，必须在紧固件上打上扭力标志。

10. 在动力蓄电池拆卸和安装过程中，应禁止暴力拆卸、跌落、碰撞、模组倾斜、重压模组、人为短路等非正常工作行为，禁止非工作人员拆卸动力蓄电池。

(4) 拆卸步骤及技术要求

动力蓄电池的拆卸步骤及技术要求见表 2-1-6。

表 2-1-6　动力蓄电池的拆卸步骤及技术要求

拆卸步骤及技术要求	图片
1. 断开动力蓄电池负极端子 先断开动力蓄电池负极端子，自放电 30 min	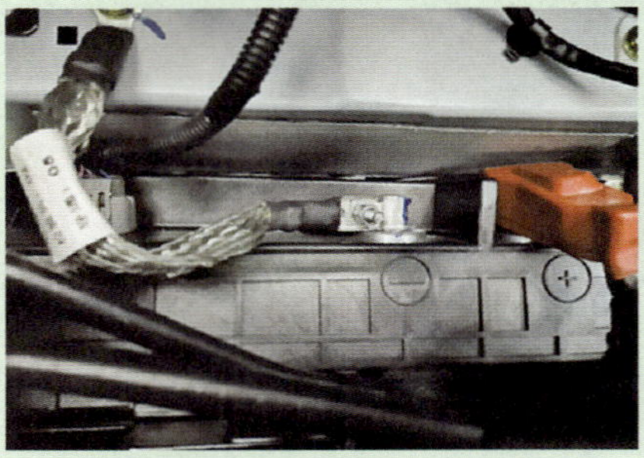 动力蓄电池负极端子
2. 拆除后排座椅坐垫	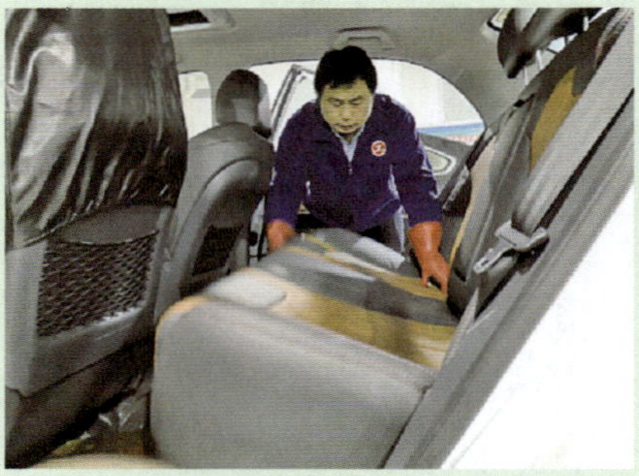 拆除后排座椅坐垫
3. 拆除后排座椅靠背	 拆除后排座椅靠背

续表

拆卸步骤及技术要求	图片
4. 拆掉座椅靠背连接气囊线束（黄色）及气泵线束（黑色），取下座椅靠背	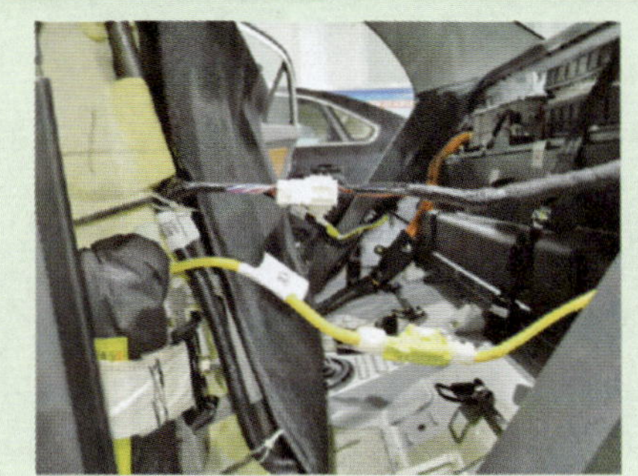 连接气囊线束（黄色）和气泵线束（黑色）
5. 拔掉维修开关。拉动维修开关手柄呈竖直状态，向上提拉，取出维修开关 注意：拔出维修开关后，使用电工绝缘胶带封住维修开关接插件母线端口，将维修开关装入安全盒并锁止，由维修人员保管安全盒钥匙，将提示牌安放在车辆室内储物盒上	 拔掉维修开关
6. 拆除所有固定电池塑料外壳上的螺栓和卡扣，并取下塑料外壳	 塑料外壳上的螺栓
7. 拔掉后排座椅电池组采集器和线束插头。该动力蓄电池组包括 1 个电池组采集器总线束插头，10 个单体电池采集器线束插头	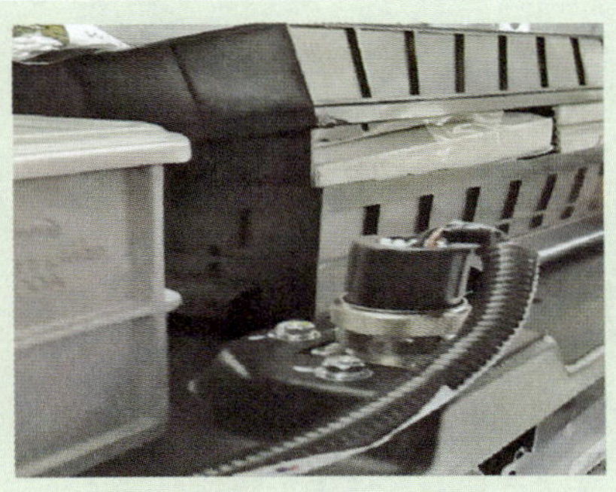 电池组采集器总线束插头

续表

拆卸步骤及技术要求	图片
7. 拔掉后排座椅电池组采集器和线束插头。该动力蓄电池组包括 1 个电池组采集器总线束插头，10 个单体电池采集器线束插头	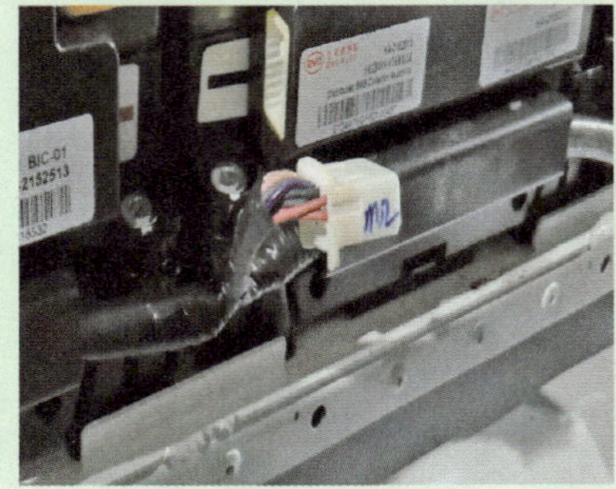 单体电池采集器线束插头
8. 拆除前后电池组正负极绝缘保护套	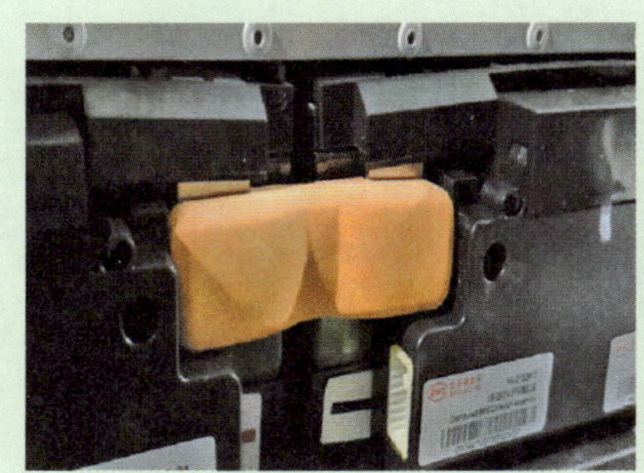 电池组正负极绝缘保护套
9. 拆卸电池组连接片。先拆负极，再依次拆除电池组连接片	 电池组连接片
10. 拆除前后 20 组电池组固定螺栓	 电池组固定螺栓

续表

拆卸步骤及技术要求	图片
11. 依次取出动力蓄电池组	取出动力蓄电池组

思考与练习

1. 对新能源汽车动力蓄电池有哪些要求?
2. 动力蓄电池可分为哪些类型? 动力蓄电池的性能指标及技术参数有哪些?
3. 电池管理系统（BMS）有哪些基本功能?
4. 拆装动力蓄电池时有哪些注意事项?

课题二 | 动力驱动系统

学习目标

1. 了解纯电动汽车动力驱动系统的组成。
2. 了解纯电动汽车驱动电机的类型。
3. 了解纯电动汽车对驱动电机的要求。
4. 了解纯电动汽车电机控制器的工作原理。
5. 了解混合动力电动汽车动力驱动系统的组成及各部件的作用。
6. 能拆装动力驱动系统。

想一想

传统汽车动力驱动系统如图 2-2-1 所示，燃料在发动机中燃烧产生化学能，转化为活塞连杆组的往复运动，通过传动机构（包括变速器、传动轴、主减速器、半轴等）传递给车轮，使汽车行驶。新能源汽车动力驱动系统与传统汽车略有区别，如图 2-2-2 所示，驱动电机、变速器、整车控制器等装置通常位于前机舱内。你知道电动汽车动力驱动系统是如何工作的吗？

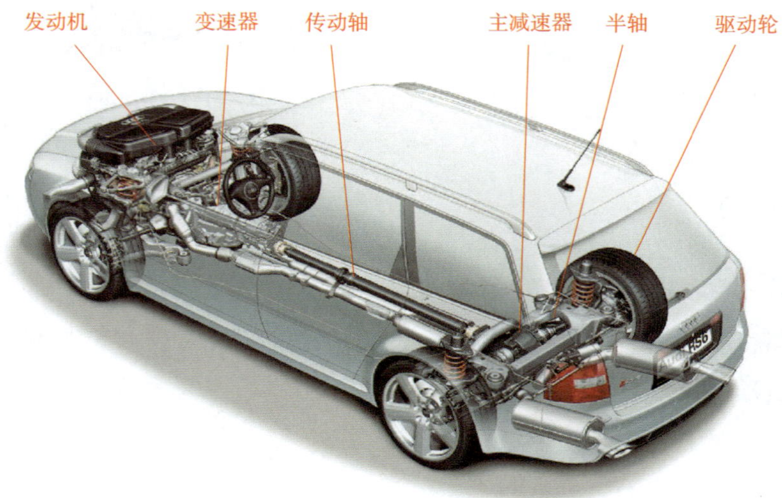

图 2-2-1　传统汽车动力驱动系统

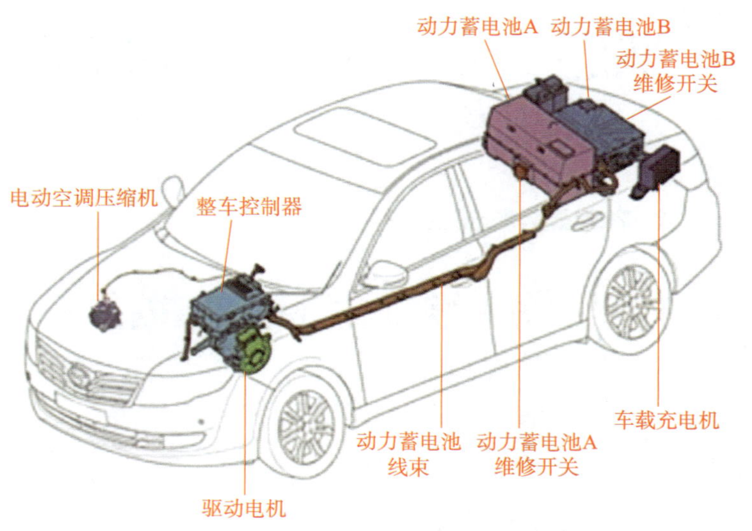

图 2-2-2　新能源汽车动力驱动系统

一、纯电动汽车动力驱动系统

动力驱动系统是电动汽车三大核心部件之一，是车辆行驶的主要执行机构。其驱动特性决定了电动汽车行驶的主要性能指标，直接影响车辆动力性、经济性和用户驾乘的舒适性。

纯电动汽车采用的电驱动系统，具有节约能源、噪声小、易于实现自动控制等优点，主要由驱动电机、功率转换器、电机控制器、各种检测传感器和电驱动冷却系统等组成。

图 2-2-3 所示为比亚迪 e5（纯电动汽车）动力驱动系统的工作原理。动力驱动系统通过高低压线束、冷却管路与整车其他系统连接，其任务是在驾驶员的控制下，高效地将动力蓄电池的电能转化为车轮的机械能，并在汽车减速或制动时，将车轮的机械能转化为电能反馈到动力蓄电池中。

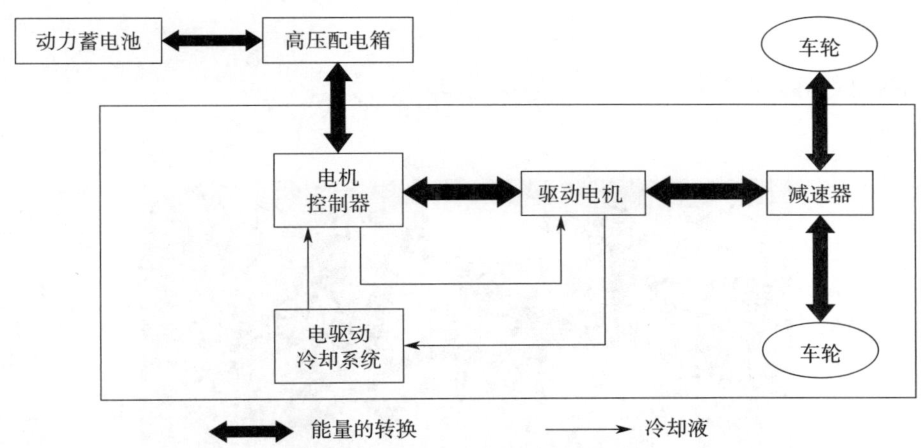

图 2-2-3　比亚迪 e5 动力驱动系统的工作原理

当电动汽车处于正常行驶状态时，电机控制器将从高压配电箱输送来的高压直流电逆变成三相交流电，供驱动电机运转，驱动电机输出的转矩经减速器传递给车轮，使汽车正常行驶。当车辆处于制动或滑行状态时，驱动电机将车辆的一部分机械能转化为电能传递给电机控制器，电机控制器将接收到的电能转化为高压直流电返回到高压配电箱，再储存到动力蓄电池中。

1. 驱动电机

驱动电机是电动汽车动力驱动系统的核心部件，其性能的好坏直接影响动力驱动系统的性能，特别是影响电动汽车的最高车速、加速性能和爬坡性能等，因此，在选择电动汽车之前应先确定驱动电机的类型及技术参数（见表 2-2-1）。比亚迪 e5 的驱动电机如图 2-2-4 所示，为交流永磁式同步电动机。

表 2-2-1　　驱动电机的技术参数

技术参数	参数指标
最大输出扭矩	310 N・m/（0～4 929 rpm）
额定扭矩	160 N・m/（0～4 775 rpm）
最大功率	160 kW/（4 929～12 000 rpm）
额定功率	80 kW/（4 775～12 000 rpm）
最大输出转速	12 000 rpm
总成重量	103 kg
总减速比	9.342
变速器润滑油量	1.8 L
变速器润滑油类型	齿轮油 SAE 80W-90（冬季环境温度低于 -15 ℃的地区推荐选用 SAE 75W-90）

图 2-2-4　比亚迪 e5 的驱动电机

（1）驱动电机的类型

驱动电机属于电动机，其类型如图 2-2-5 所示。

不同结构的驱动电机的优缺点见表 2-2-2。

几种驱动电机的性能比较见表 2-2-3。

在现在的新能源汽车上，交流永磁式同步电动机的应用最为广泛。2018 年 1—12 月新能源汽车驱动电机装机量如图 2-2-6 所示。

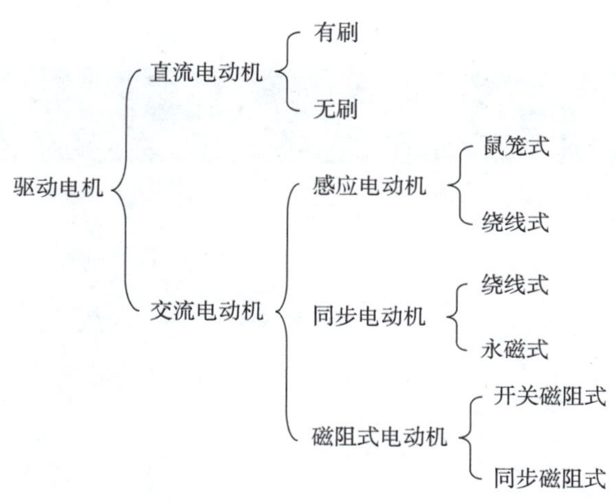

图 2-2-5　驱动电机的类型

表 2-2-2　不同结构的驱动电机的优缺点

名称	优点	缺点
有刷直流电动机	启动加速时驱动力大、调速控制简单、技术成熟	换向时易产生电火花，容易烧蚀电机换向器，电刷容易磨损，需经常更换，维护工作量大；接触部分存在磨损，不仅使电动机效率降低，还限制了电动机的工作转速
无刷直流电动机	高性能、结构简单、运行可靠、维护方便，运行效率高、无励磁损耗、运行成本低、调速性能好	低速启动时有轻微振动，易形成共振；价格高，对电机控制器的要求高
交流永磁式同步电动机	在结构上与无刷直流电动机相似，所以其具备无刷直流电动机的优点；同时，还具有噪声低、体积小、功率密度大、转动惯量小、脉动转矩小、控制精度高等特点	无
交流开关磁阻式电动机	结构简单、坚固、工作可靠、效率高，调速系统运行性能和经济指标比普通的交流调速系统好	转矩脉动大、噪声大、振动大

表 2-2-3　几种驱动电机的性能比较

技术参数	直流电动机	交流感应电动机	交流永磁式同步电动机	交流开关磁阻式电动机
功率密度	低	一般	高	一般
峰值密度 /kW	86～89	90～95	95～97	<90
转速范围 /rpm	4 000～6 000	9 000～15 000	4 000～15 000	>15 000

续表

技术参数	直流电动机	交流感应电动机	交流永磁式同步电动机	交流开关磁阻式电动机
电机大小	大、重	一般	小、轻	小、轻
控制性	易控制	较易控制	较难控制	较易控制
可靠性	差	好	一般	好
成本	高	中	高	低
电机控制器成本	低	高	高	一般
综合评价	差	一般（耐用）	优（高效）	较优

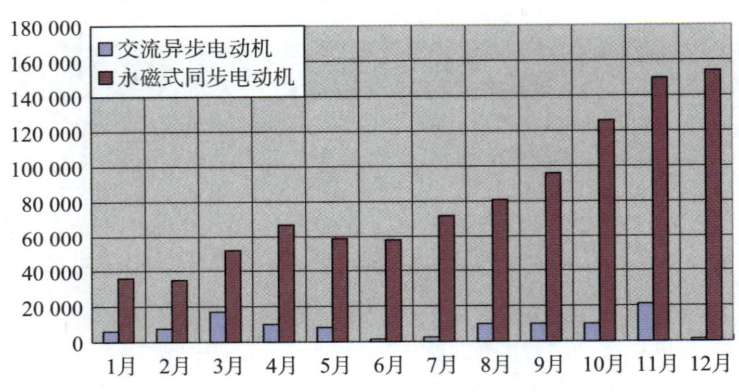

图 2-2-6　2018 年 1—12 月新能源汽车驱动电机装机量

随着电子技术和计算机技术的飞速发展，新的电机理论与控制方式层出不穷，高密度、高效率、轻量化、低成本、宽调速牵引电机驱动系统已成为各国研究和开发的主要热点，如永磁式开关磁阻电动机、转子磁极分割型混合励磁结构同步电动机、永磁无刷交流电动机等。目前，它们的控制装置成本还比较高。

（2）额定指标

电动机的额定指标是指根据国家标准及电动机的设计、试验数据而确定的额定运行数据，是电动机运行的基本依据。电动汽车驱动电机的主要额定指标见表 2-2-4。

表 2-2-4　电动汽车驱动电机的主要额定指标

额定指标	说明
额定电压	在额定工况运行时，电机定子绕组应输入的线电压值
额定电流	在额定电压下，电机转轴上输出的机械功率为额定功率时，电机定子绕组通过的线电流值

续表

额定指标	说明
额定转速	在额定电压输入下，以额定功率输出时对应的电机最低转速
额定功率	在额定条件下，电机转轴上输出的机械功率
峰值功率	在规定的时间内，电机允许输出的最大输出功率
最高工作转速	对应于电动汽车最高设计车速的电机转速
最高转速	在无带载条件下，电机允许旋转的最高转速
额定转矩	电机在额定功率和额定转速下的输出转矩
峰值转矩	电机在规定的持续时间内允许输出的最大转矩
堵转转矩	电机转子在所有角位堵住时所产生的转矩最小测得值
机械效率	在额定运行时电机轴上输出的机械功率与电机在额定运行时电源输入到电机定子绕组上的功率之比值
电机及控制器整体效率	电机转轴输出功率除以控制器输入功率
温升	电机在运行时允许升高的最高温度

当驱动电机在额定运行情况下输出额定功率时，称为满载运行，这时驱动电机的运行性能、经济性及可靠性等均处于优良状态。输出功率超过额定功率时称为过载运行，这时驱动电机的负载电流大于额定电流，会引起驱动电机过热，从而减少驱动电机使用寿命，严重时甚至会烧毁驱动电机。驱动电机的输出功率小于额定功率时称为轻载运行，轻载时驱动电机的效率和功率因数等运行性能均较差，因此应尽量避免驱动电机轻载运行。

（3）对驱动电机的要求

在电动汽车行驶过程中，需要经常频繁地启动 / 停车、加速 / 减速等，要求电动汽车驱动电机的性能更好。电动汽车动力驱动系统对驱动电机有以下要求：

1）高电压。在允许范围内，尽可能采用高电压，这样可以减小驱动电机的尺寸和导线截面积，降低了转换器的成本，并且能够降低电动汽车的整体价格，提高性价比。

2）轻质量、小体积。驱动电机应尽量采用铝合金外壳，以降低驱动电机的质量，还要设法降低电机控制器和冷却系统的质量。驱动电机的体积要小，一般为工业用电动机的 1/3 ~ 1/2。

3）较大的启动转矩和较大的调速范围。较大的启动转矩和调速范围能使电动汽车具有好的启动性能和加速性能。在恒转矩区，要求低速运行时具有大转矩，以满足电动汽车启动和爬坡的要求；在恒功率区，要求低转矩时具有高的速度，以满足电动汽车在平坦路面上能够高速行驶的要求。

4）高效率、低损耗。驱动电机应在整个运行范围内具有很高的效率，以提高一次充电的续航里程。驱动电机应在车辆减速时实现再生制动，将能量回收并反馈给动力蓄电池，使电动汽车具有最佳的能量利用率。再生制动回收能量能达到总能量的 10%～15%。

5）电气系统和控制系统的安全性符合要求。必须符合国家（或国际）有关车辆电气控制安全性能的标准和规定，装备有高压保护设备。

6）高可靠性。耐温和耐潮性能强，运行时噪声低，能够在较恶劣的环境下长时间工作。驱动电机的结构要简单、坚固，适合批量生产，便于使用和维护。

驱动电机还应具有瞬时功率大、带负载启动性能好、过载能力强、加速性能好、使用寿命长等特点。

2. 高压电控总成

如图 2-2-7 所示，高压电控总成俗称“四合一”（具有四种功能），是由双向交流逆变式电机控制器（VTOG）、高压配电箱和漏电传感器模块、车载充电机（预充电容）、DC/DC 变换器组成的一个整体。

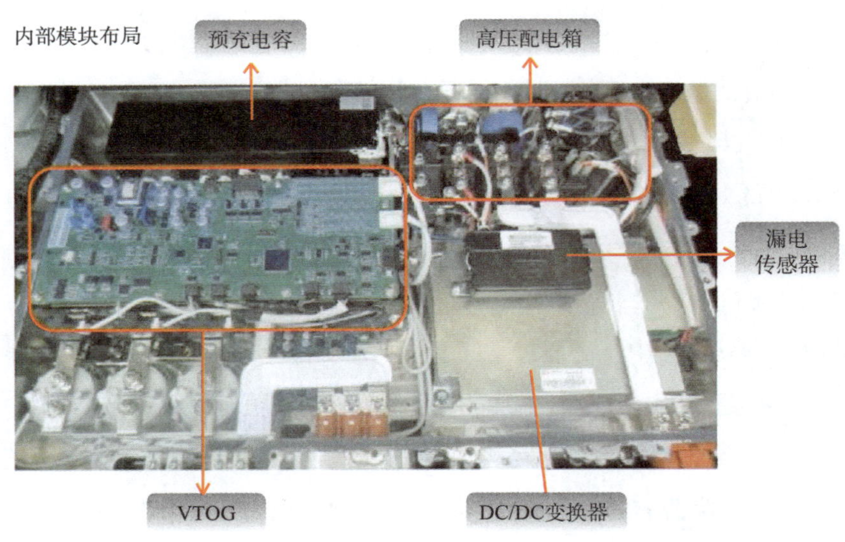

图 2-2-7　高压电控总成

（1）主要功能

1）控制高压交 / 直流电双向逆变，驱动电机运转，实现充、放电功能（由 VTOG 和车载充电机实现）。

2）实现将高压直流电转化为低压直流电，为整车低压电器系统供电（由 DC/DC 变换器实现）。

3）实现整车高压回路配电功能，以及高压漏电检测功能（由高压配电箱及漏电传感器模块实现）。

4）CAN 通信、故障处理记录、在线 CAN 读写以及自检等功能（由漏电传感器等实现）。

（2）高压配电箱

高压配电箱如图 2-2-8 所示，主要由铜排连接片、接触器、霍尔电流传感器、预充电阻、动力蓄电池包正负极输入等组成。接触器由蓄电池管理器控制，控制充放电。

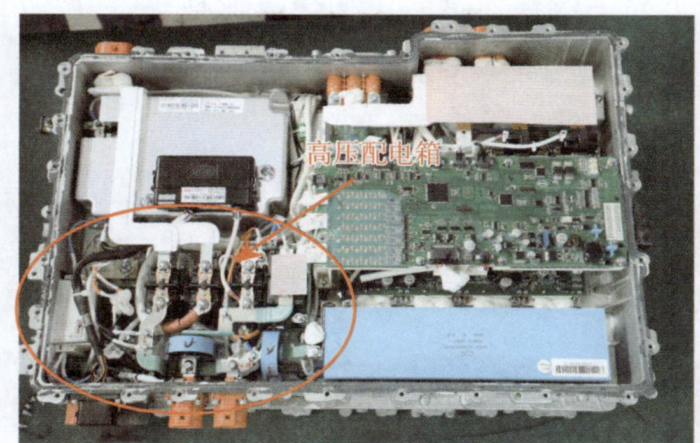

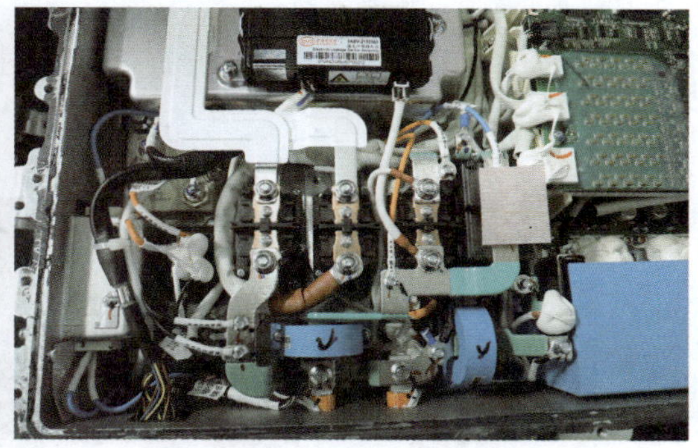

图 2-2-8 高压配电箱

（3）漏电传感器

漏电传感器如图 2-2-9 所示，含有 CAN 通信功能，主要监测与动力蓄电池输出相连接的负母线与车身底盘之间的绝缘电阻，判定高压系统是否存在漏电，漏电传感器将漏电数据信息通过 CAN 信号发送给电池管理系统（BMS）及 VTOG，由它们采取相应的保护措施。

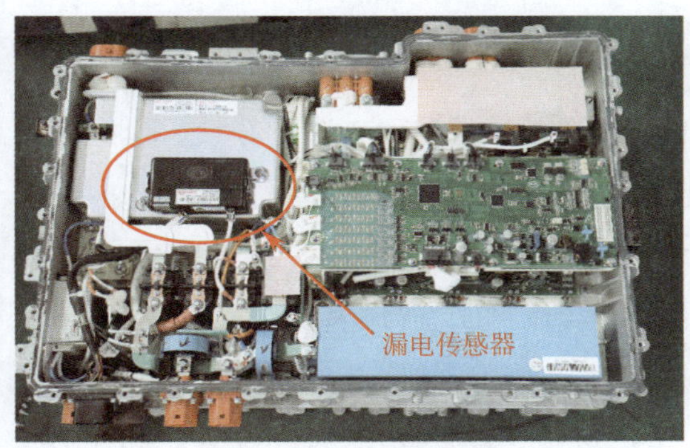

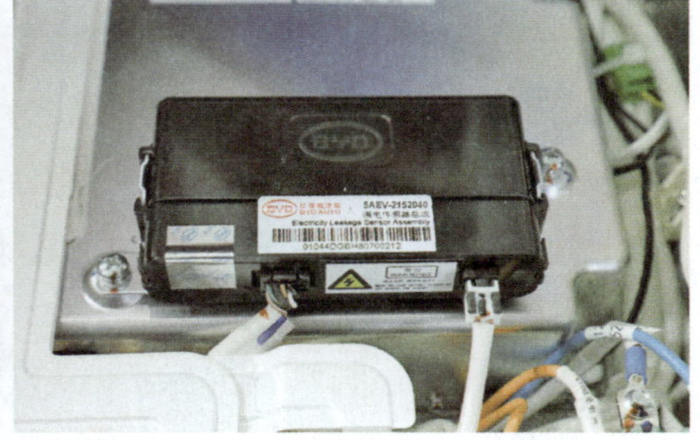

图 2-2-9 漏电传感器

（4）双向交流逆变式电机控制器（VTOG）

1）电机控制器的功能

双向交流逆变式电机控制器（VTOG）如图 2-2-10 所示，其主要功能如下：

①驱动控制（放电）。采集加速踏板、制动、挡位、旋变信号等，控制电机正向、反向驱动，以及正、反转发电功能；具有高压输出电压和电流控制限制功能；具有电压跌落、过流、过温、IPM（智能功率模块）过温、IGBT（绝缘栅双极型晶体管）过温保护、功率限制、扭矩控制限制等功能。同时，具备电控系统防盗、能量回馈控制、主动泄放、被动泄放控制功能。

②充电控制。具有交、直流转换，双向充、放电控制功能；能自动识别单相、三相相序，并根据充电电流控制充电方式，能根据充电设备识别充电功率，控制充电方式；能根据车辆或其他设备请求信号控制车辆对外放电；具有断电重启功能；能在电网断电后又供电时，继续充电。

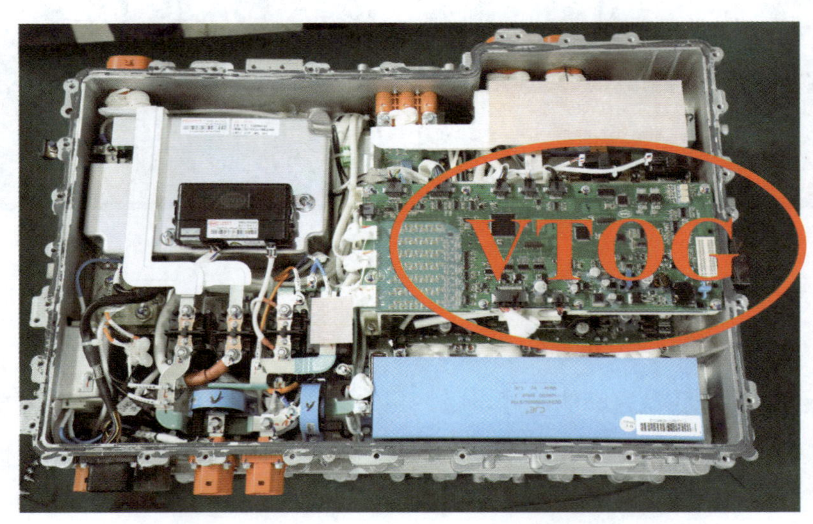

图 2-2-10　双向交流逆变式电机控制器（VTOG）

2）电机控制器的工作原理

纯电动汽车电机控制器是动力驱动系统的控制中心，又称智能功率模块，以绝缘栅双极型晶体管（IGBT）模块为核心，辅助驱动集成电路、主控集成电路。电机控制器与驱动电机配套使用，由于动力蓄电池是以直流方式供电，而驱动电机是交流永磁式同步电动机。电机控制器的控制原理如图 2-2-11 所示。电机控制器主要由 DC/AC 逆变模块、AC/DC 整流模块、温度保护模块以及电子控制器组成。当驱动电机驱动车辆行驶时，电机控制器需要将动力蓄电池的直流电转换为交流电（DC/AC 逆变）供给驱动电机；而当驱动电机作为发电机回收能量时，电机控制器则需要将交流电转换为直流电

（AC/DC 整流），为动力蓄电池充电。与此同时，电机控制器通过电流传感器、电压传感器、温度传感器实时监测自己与驱动电机的工作状态。

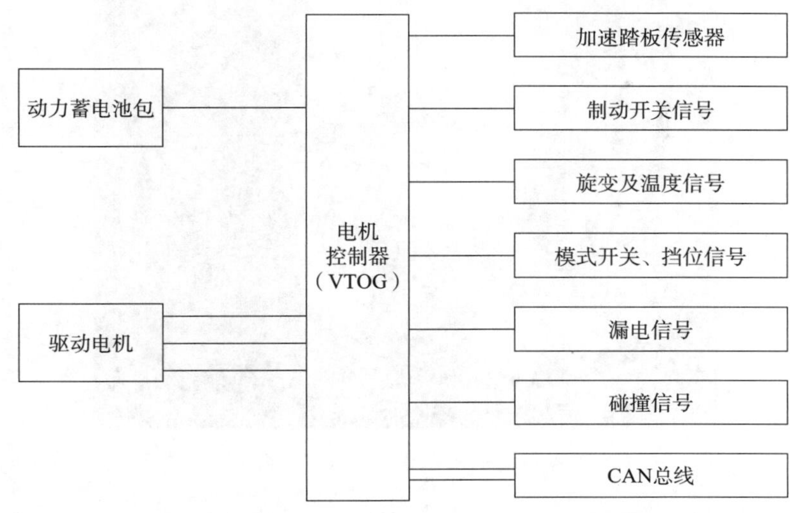

图 2-2-11 电机控制器的控制原理

3. 电驱动冷却系统

动力驱动系统中的驱动电机和电机控制器在运行过程中会产生大量的热量，这些热量会对动力驱动系统正常工作及使用寿命造成不良影响。

驱动电机在运行过程中产生的热对电机的物理、电气和力学特征有重要影响，当温度上升到一定程度时，驱动电机的绝缘材料会发生本质变化，最终使其失去绝缘能力。另外，随着驱动电机温度的升高，电机中金属构件的强度和硬度会逐渐下降。由电子元器件构成的电机控制器，同样会由于温度过高而导致电子器件的性能下降，出现不利影响，如导致半导体结点、电路损坏，增加电阻，甚至烧坏元器件。

为保证动力驱动系统在运行过程中产生的热能能够及时散发出去，需要对电机驱动系统的驱动电机和电机控制器进行冷却，以确保它们在适宜的温度范围内工作。这时就要用到电驱动冷却系统。

二、混合动力电动汽车动力驱动系统

下面以比亚迪—秦为例，讲解混合动力电动汽车动力驱动系统。

1. 传统动力驱动系统

比亚迪—秦混合动力电动汽车的发动机采用 476ZQA 发动机和 6HDT35 变速器（见图 2-2-12）组成的传统动力驱动系统。

图 2-2-12　由 476ZQA 发动机和 6HDT35 变速器组成的传统动力驱动系统

（1）BYD 476ZQA 发动机

BYD 476ZQA 发动机是 1.5TI 发动机，采用涡轮增压、缸内直喷和可变气门正时、全铝合金缸体等技术。其最大功率为 113 kW/5 200 rpm，最大扭矩为 240 N·m/1 750～3 500 rpm。

（2）BYD 6HDT35 变速器

1）优点

①瞬时传动比恒定：可按需要设计。

②传动平稳且传动比范围大，可用于增速和减速。

③传动效率高（高达 99%）。

④传动可分性：在中心距的小范围变化时可保证定传动比传动。

⑤结构紧凑，易于布置。

2）缺点

①制造成本高。

②加工精度高，在加工精度低时传动噪声高。

③无过载保护措施。

2. 电动机

电动机由外圈的定子与内圈的转子组成，是汽车的动力源之一，向外输出扭矩，驱动汽车前进和后退。同时，也可作为发电机发电，例如，在滑行、制动过程中，发动机输出的额外扭矩的势能或者动能通过电动机转化为电能存储。比亚迪—秦汽车电动机的

安装位置如图 2-2-13 所示。

（1）电动机的工作参数

1）最大功率：40 kW（在 EV 模式下是车辆的主动力源）。

2）额定功率：40 kW。

3）最大转速：10 000 rpm。

4）最大扭矩：200 N · m。

（2）电动机的特点

1）采用交流永磁式同步电动机。

2）高密度、小型、轻量化、高效率。

3）高可靠性、高耐久性、强适应性。

图 2-2-13　电动机的安装位置

3. 电动机外部零部件

电动机外部零部件如图 2-2-14 所示，包括水温插接件、电机出水管、冷却系统通气管接头、电机进水管等。

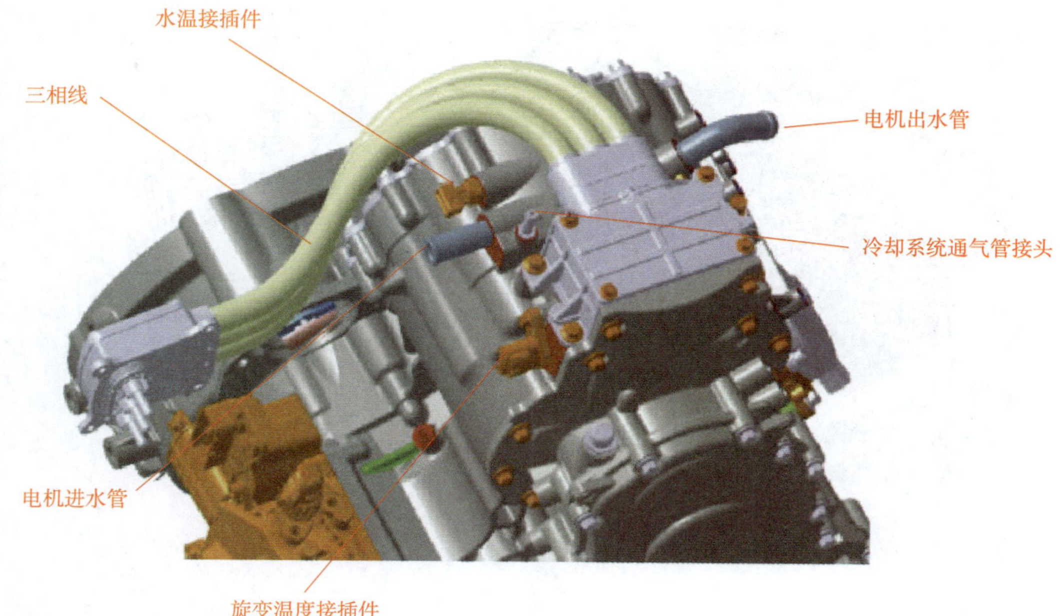

图 2-2-14　电动机外部零部件

4. 接线座

电动机三相线接线座如图 2-2-15 所示，包括 A 相、B 相和 C 相。

图 2-2-15　电机三相线接线座

5. 电动机内部零部件

（1）定子

电动机定子的结构如图 2-2-16 所示。定子是电动机的重要组成部分，由定子铁芯、定子绕组和机座三部分组成。定子的主要作用是产生旋转磁场。

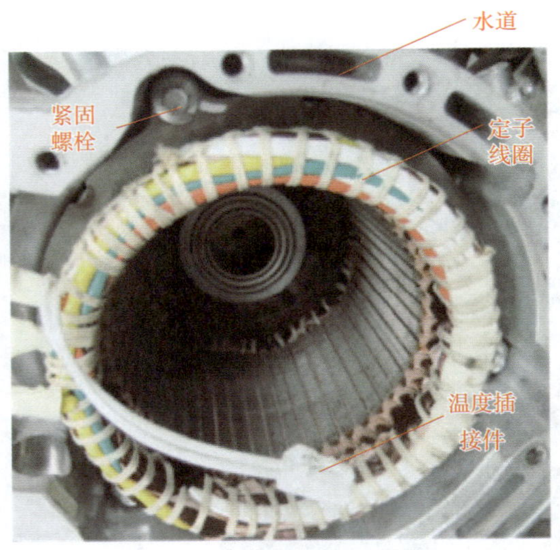

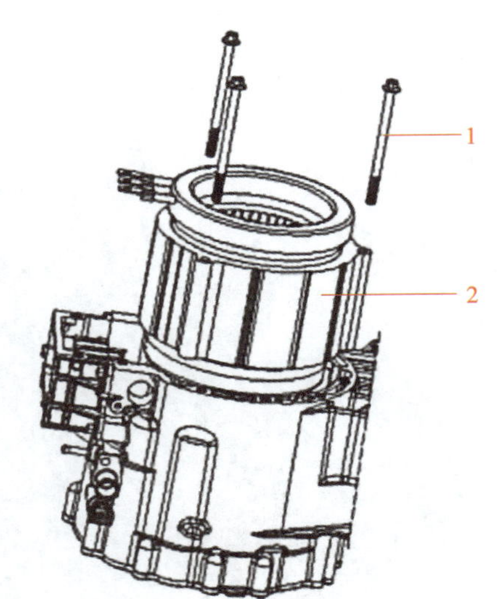

图 2-2-16　电动机定子的结构

1—螺栓　2—定子线圈

（2）转子

转子（见图 2-2-17）是电动机中的旋转部件，主要作用是在旋转磁场中被磁力线切割进而产生（输出）电流，用来实现电能与机械能和机械能与电能的转换。转子有电动机转子和发电机转子两种。

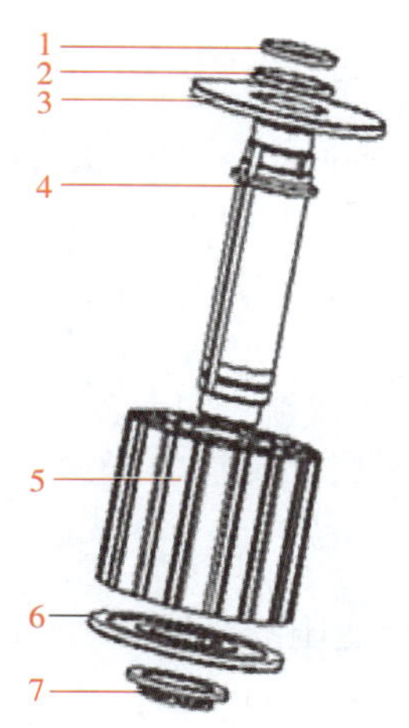

图 2-2-17 电动机转子的结构

1、7—滚动轴承 2—旋变线圈 3、6—挡板 4—转子轴承 5—转子铁芯

转子可分为内转子转动方式和外转子转动方式两种。内转子转动方式为以电动机中间的芯体为旋转体，输出扭矩（指电动机）或者收入能量（指发电机）。外转子转动方式以电动机外体为旋转体，不同的转动方式可方便各种应用场合。

（3）旋转变压器

旋转变压器（见图 2-2-18）是一种电磁式传感器，又称为同步分解器。它是一种测量角度用的小型交流电动机，用来测量旋转物体的转轴角位移和角速度，由定子和转子组成。其中，定子绕组作为变压器的初级，接受励磁电压，励磁频率通常用 400 Hz、3 000 Hz 及 5 000 Hz 等；转子绕组作为变压器的次级，通过电磁耦合得到感应电压。

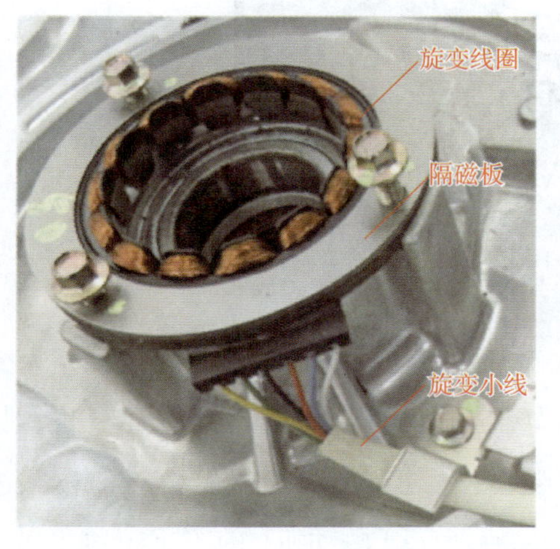

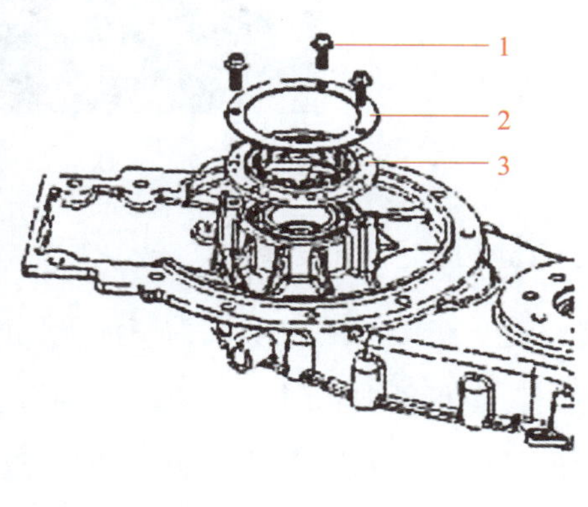

图 2-2-18 旋转变压器的结构

1—固定螺栓 2—隔磁板 3—旋变线圈

旋转变压器的工作原理与普通变压器相似，区别在于普通变压器的初级、次级绕组是相对固定的，所以输出电压和输入电压之比是常数；而旋转变压器的初级、次级绕组随转子的角位移发生相对位置的改变，因而其输出电压的大小随转子角位移而发生变化，输出绕组的电压幅值与转子转角成正弦、余弦函数关系，或保持某一比例关系，或在一定转角范围内与转角呈线性关系。旋转变压器在同步随动系统及数字随动系统中可用于传递转角或电信号；在解算装置中可作为函数的解算之用，故又称为解算器。

旋转变压器一般有两极绕组和四极绕组两种结构形式。两极绕组旋转变压器的定子和转子各有一对磁极；四极绕组则各有两对磁极，主要用于高精度的检测系统。除此之外，还有多极式旋转变压器，用于高精度绝对式检测系统。

旋转变压器作为速度及位置检测装置，可以反馈信息给控制器进行监测，用来准确控制电动机的转速及位置。

旋转变压器由旋变线圈（见图 2-2-19）和信号盘组成。

图 2-2-19 旋变线圈

6. 电动机的工作原理

比亚迪—秦使用的电动机为交流无刷永磁式同步电动机，通过采集电动机旋变信号进行工作。当车辆要行驶时，电动机通过旋转变压器检测到电动机的位置，位置信号通过控制器的处理后被发送到控制器 IGBT，逻辑信号控制 IGBT 开断，控制器输出近似正弦波的交流电。电动机的线路图如图 2-2-20 所示。电动机的工作原理如图 2-2-21 所示。

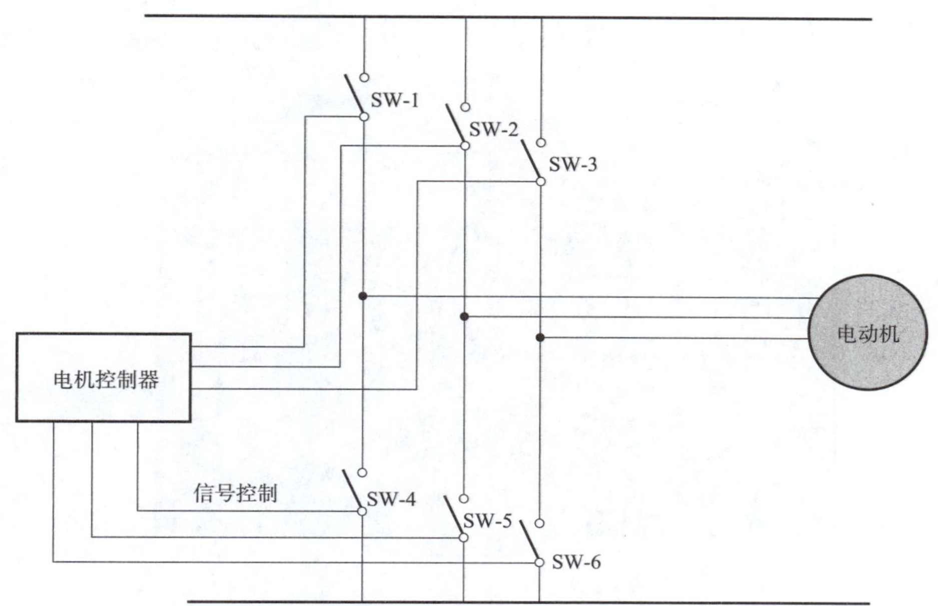

图 2-2-20 电动机的线路图

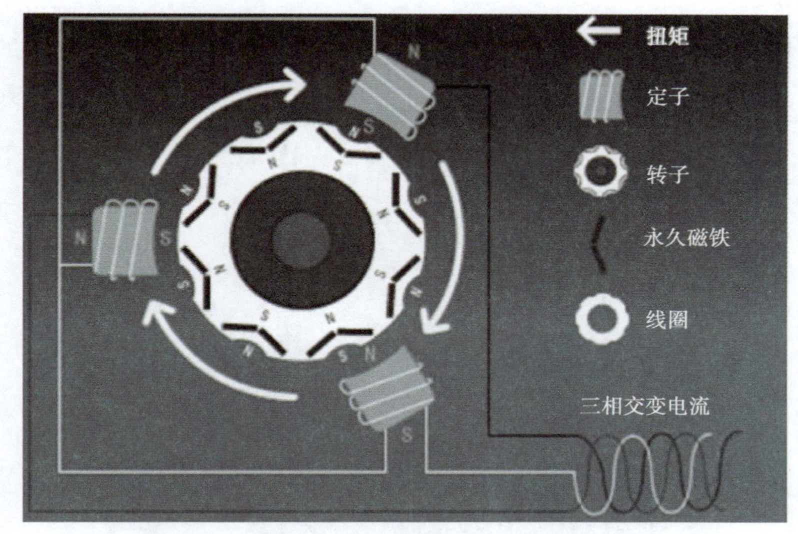

图 2-2-21 电动机的工作原理

三、动力驱动系统的拆卸及认知

1. 工具与设备准备

准备万用表、护目镜、安全盒、安全帽、绝缘胶带、绝缘手套、跨接线、安全提示牌、高压安全警示牌、车轮安全挡块、防冻冷却液等，如图 2-2-22 所示。

另外，还要提前准备好拆装工具、举升机、扭力扳手、放水桶等工具及设备。

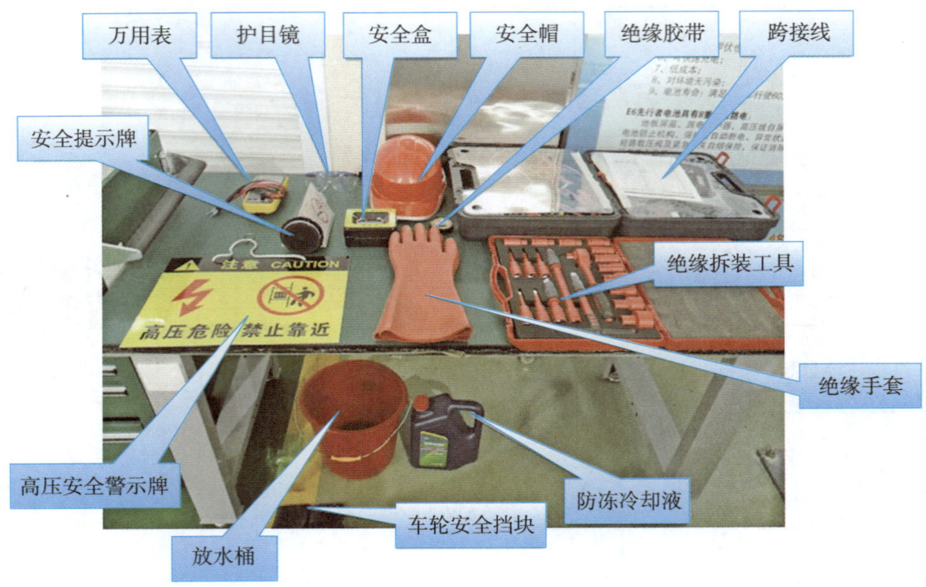

图 2-2-22　工具与设备

2. 现场准备

现场准备如图 2-2-23 所示，准备好实训车辆，并布置好场地及工具柜。

图 2-2-23　现场准备

3. 注意事项

 **注意事项**

BYD e5 高压电控总成和动力驱动系统拆装注意事项

高压电控总成和动力驱动系统属于高压危险产品，在拆装过程中维修人员需要注意以下事项：

1. 没有经过比亚迪公司授权的服务店人员不能私自拆卸高压电控总成和动力驱动系统的橘黄色线连接部分或者贴有高压标识的零部件。

2. 在拆装过程中，凡拆卸高压电控总成及动力驱动系统的橘黄色线连接部分或者贴有高压标识的零部件时，需由教师先进行示范操作，学生进行观看学习。教师需按照高压安全操作规程做好高压安全防护后方可操作。其他类型的拆装操作可由学生单独进行。

3. 拆卸高压系统连接线前，应断开动力蓄电池负极及维修开关，且对动力蓄电池负极及维修开关插座进行绝缘覆盖保护。

4. 对拆开的动力系统橘黄色连接线要进行绝缘保护，安装护套或贴好胶带。

5. 在安装过程中，必须按照设计扭矩要求使用专业工具紧固螺钉。

6. 安装完成后，必须在紧固件上打上扭力标志。

4. 拆卸及认知

拆卸及认知步骤见表 2-2-5。

表 2-2-5 拆卸及认知步骤

拆卸步骤	图片
（一）检测前准备 清洁工作场所。将车开进维修间，对维修现场进行前期防护工作，拉上安全警戒线并放置警示牌	 现场准备
（二）连接设备 1. 正确、规范地连接比亚迪专用解码仪 VDS2000，按规范使用解码仪 2. 按下车辆启动键（确保钥匙在车上），打开启动开关	 打开启动开关

续表

拆卸步骤	图片
3. 在车辆转向盘的左下方找到 OBD- Ⅱ接口，将解码仪与车辆进行正确连接	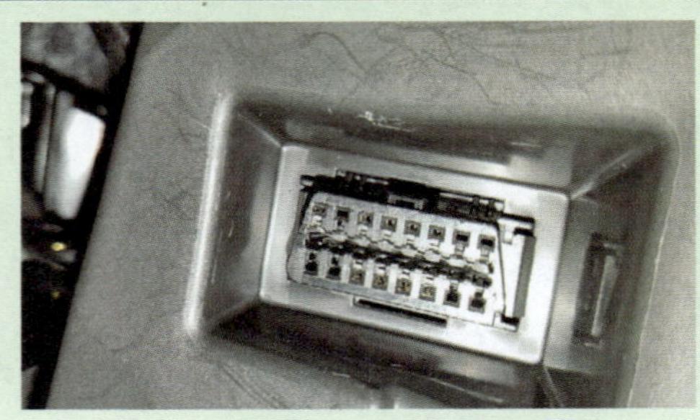 找到 OBD- Ⅱ接口，连接解码仪
4. 按照 VDS2000 的进入流程进行操作，单击开机键	 解码仪开机
（三）解除防盗功能 1. 开机后，找到汽车诊断模块，单击按键进入下一界面	 单击汽车诊断模块按键
2. 进入后，单击乘用车按键，进入下一界面	 单击乘用车按键

续表

拆卸步骤	图片
3. 进入后，单击 EV 系按键，进入下一界面	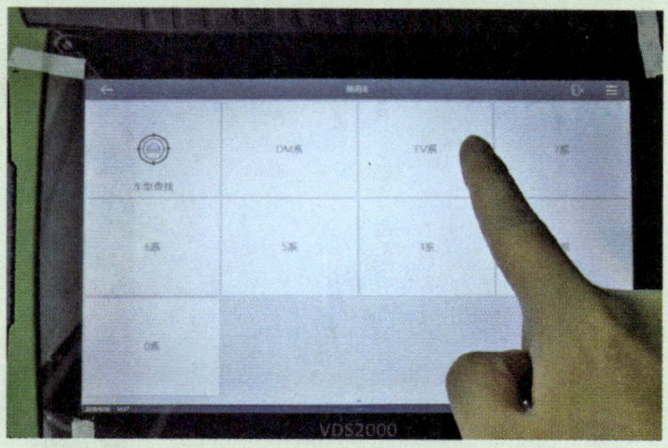 单击 EV 系按键
4. 进入后，单击 e5 按键，进入下一界面	 单击 e5 按键
5. 进入后，单击 e5 通用按键，进入下一界面	 单击 e5 通用按键
6. 进入后，单击特殊诊断功能按键，进入下一界面	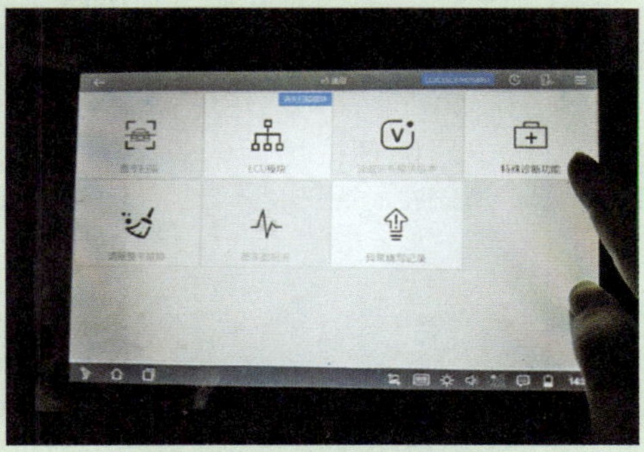 单击特殊诊断功能按键

续表

拆卸步骤	图片
7. 进入后，单击防盗匹配按键，进入下一界面	单击防盗匹配按键
8. 进入后，单击电机控制器密码清除按键，进入下一界面	单击电机控制器密码清除按键
9. 进入后，单击已阅读；然后单击开始按键，开始清除电机控制器密码	单击开始按键

续表

拆卸步骤	图片
10. 清除密码成功，防盗功能解除	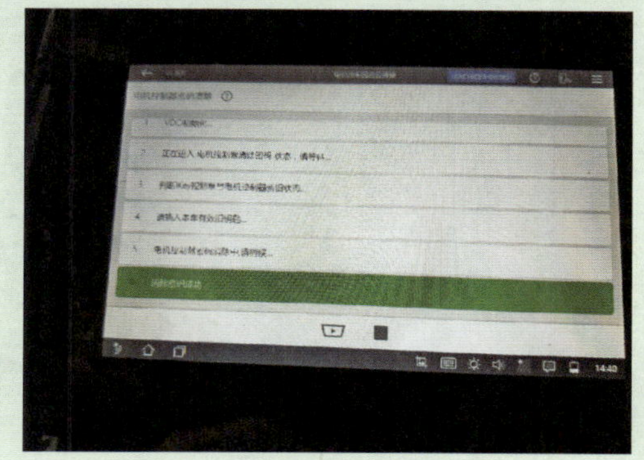 清除密码成功
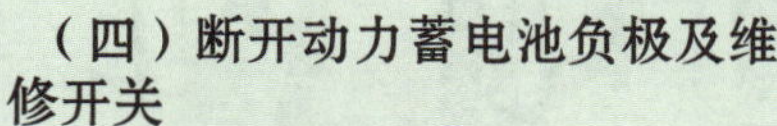 **（四）断开动力蓄电池负极及维修开关** 1. 将车辆退电至 OFF，等待 5 min	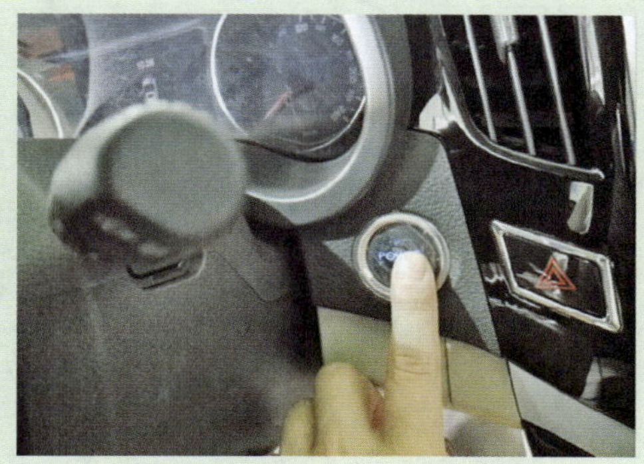 将车辆退电至 OFF
2. 用 10 号绝缘开口扳手断开 12 V 的动力蓄电池电源负极，整车放电 30 min	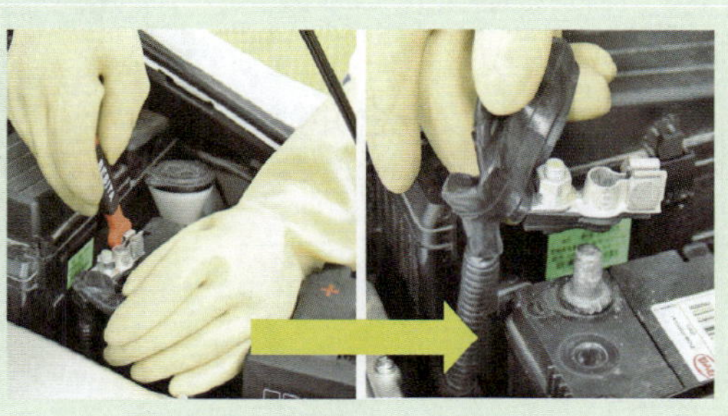 拆卸动力蓄电池电源负极
3. 使用绝缘十字旋具将安装盖螺钉（4pcs）拧下，并掀开盖板	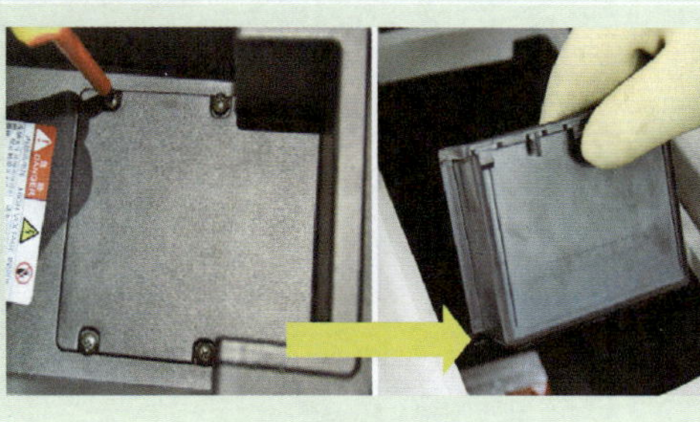 拆卸盖板

续表

拆卸步骤	图片
4. 拆开储物盒上盖，戴上绝缘手套拉动维修开关手柄呈竖直状态，向上提拉，拔掉维修开关 注意：动力蓄电池是高压部件，在拆卸维修开关时，需要进行人身及现场高压防护	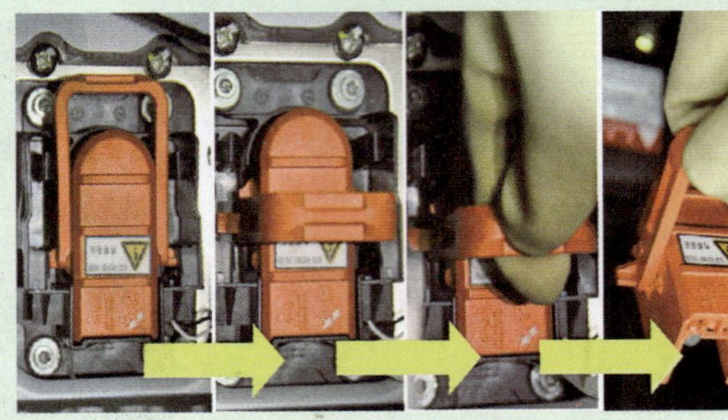 拆卸维修开关
5. 使用电工绝缘胶带封住维修开关接插件母线端口	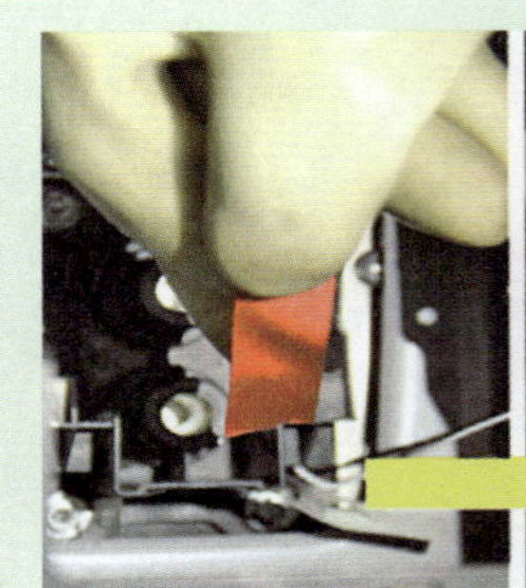 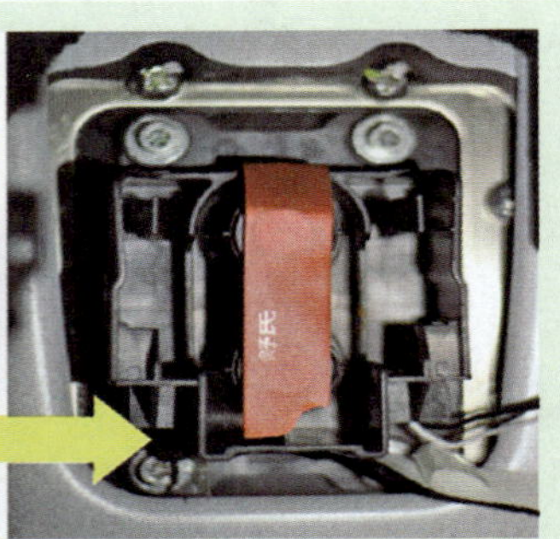 维修开关接插件母线绝缘防护
6. 将维修开关装入安全盒并锁上，由维修人员保管安全盒钥匙	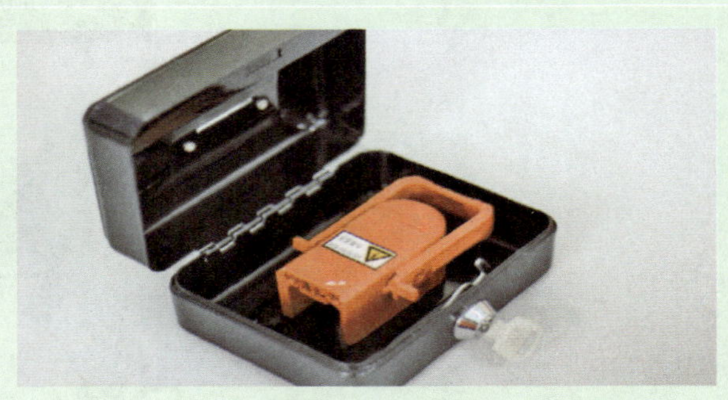 维修开关单独存放在安全盒内并锁止
7. 将安全提示牌放置在车辆室内储物盒上	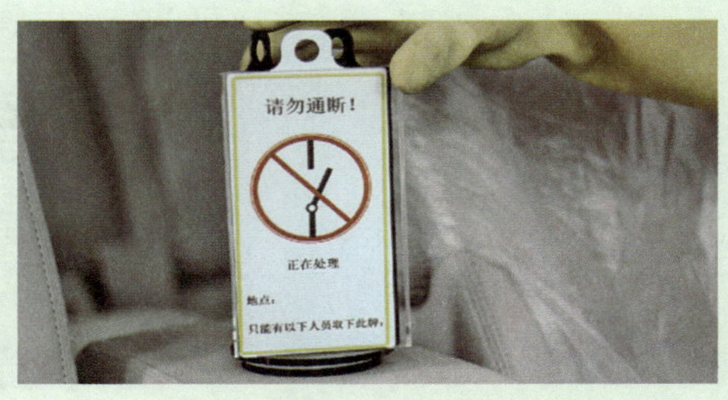 在储物盒上放置安全提示牌

续表

拆卸步骤	图片
（五）从车上拆下高压电控总成 1. 拧开车辆前舱中的电机冷却液水箱盖	拧开电机冷却液水箱盖
2. 使用十字旋具拆卸车辆外侧下方车架横梁护板（4 块）	拆卸车架横梁护板
3. 用举升机支撑端对准车架横梁，举升车辆至合适高度 注意：举升车辆时，要做好安全防护，确保车辆稳固；在车辆举升过程中，严禁人员在车辆下方作业或走动	举升车辆
4. 拆下车辆下方的挡泥板，取下挡泥板	拆下挡泥板卡扣

续表

拆卸步骤	图片
5. 挡泥板拆下后，找到电机冷却液放水口，拧开放水口螺栓，放出冷却液，用放水桶接住冷却液	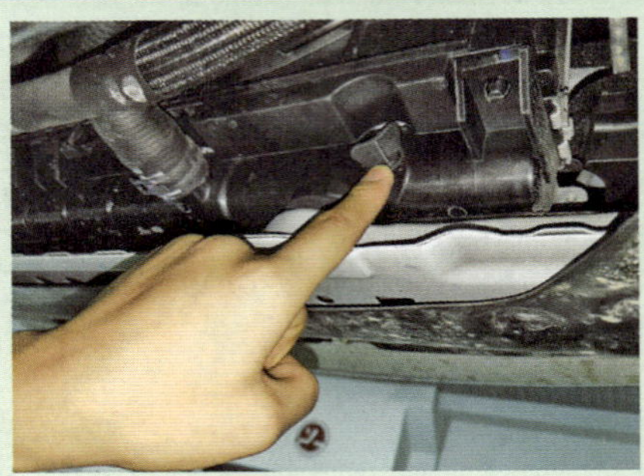 拧开放水口螺栓
6. 等待一段时间，不再出水后将放水口螺栓拧上，再次检查紧固螺栓是否连接牢固，并用抹布将放水口擦拭干净	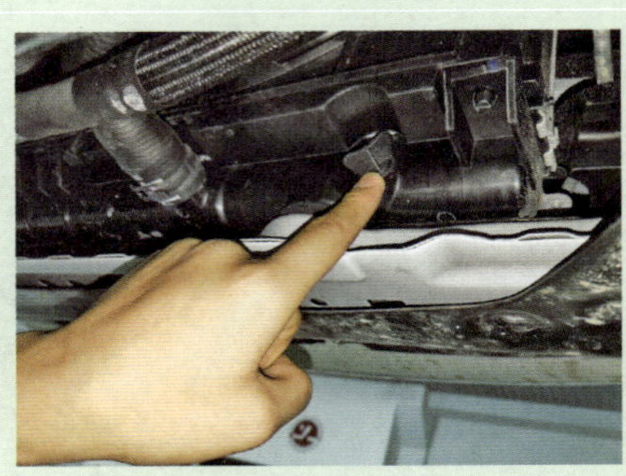 拧上放水口螺栓
7. 将车辆安全降至地面，带好绝缘手套，拔下高压电控总成上所有连接线束，拔下交流充电线 注意：插拔橙色高压线束时，操作人员需要进行自身及现场安全保护工作；插拔线束时，应先将锁销拔出	 拔下交流充电线
8. 拔下另一根交流充电线	 拔下另一根交流充电线

续表

拆卸步骤	图片
9. 拔下直流充电线	 拔下直流充电线
10. 拔下两根直流母线	 拔下两根直流母线
11. 拔下空调压缩机及 PTC 线束	 拔下空调压缩机及 PTC 线束

续表

拆卸步骤	图片
12. 拔下低压接插件 B28（A）和 B28（B）	 B28（A）  B28（B） 拔下低压接插件 B28（A）和 B28（B）
13. 拔下电池管理器上三个低压接插件 BK45（A）、BK45（B）、BK45（C）	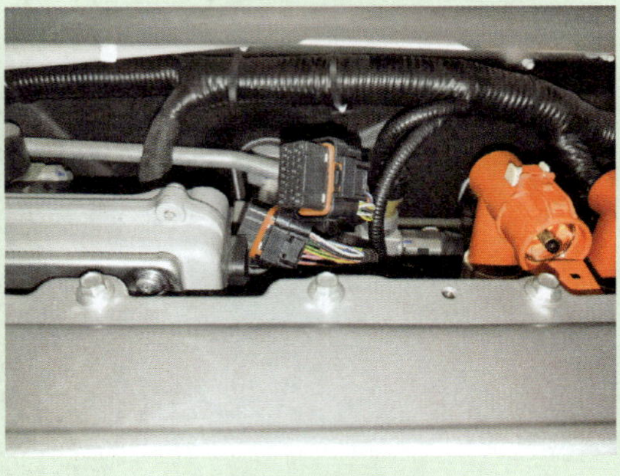 拔下三个低压接插件

续表

拆卸步骤	图片
14. 拔下电机三相线高压接插头	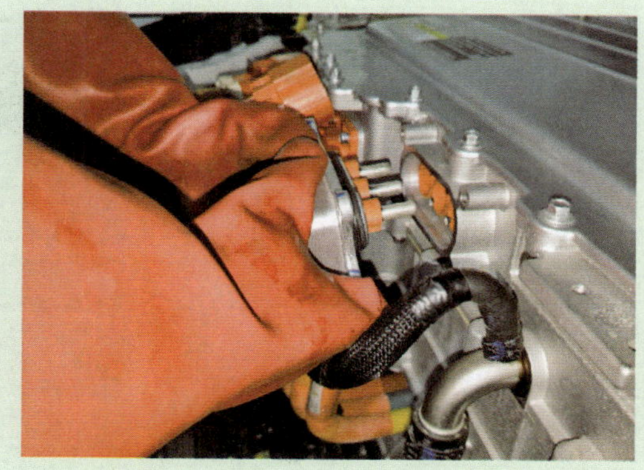 拔下电机三相线高压接插头
15. 拔下所有连接水管。用鲤鱼钳打开冷却水管的卡箍，并拔下连接水管	 拔下所有连接水管
16. 用 14 号套筒取下 DC 低压输出正极螺母	 取下 DC 低压输出正极螺母

续表

拆卸步骤	图片
17. 用 8 号套筒取下电池冷却液罐固定螺栓	冷却液罐固定螺栓
18. 用 14 号套筒分别拆下高压电控总成的固定螺栓（共 6 个）及两根等电位线（左右侧各一个），所有零部件都被取下	所有零部件都被取下
19. 抬下高压电控总成，放置在工作台上	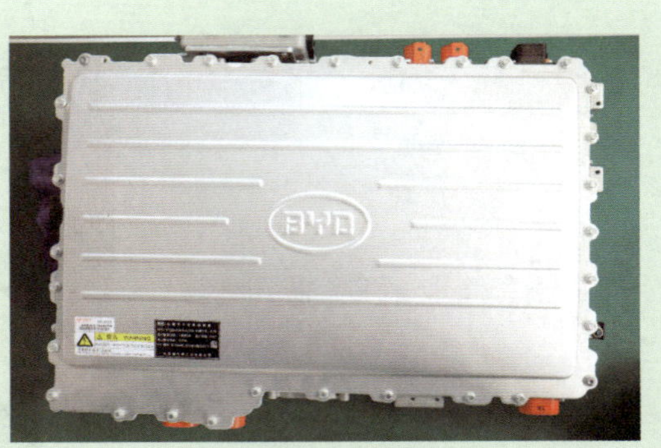 高压电控总成

续表

拆卸步骤	图片
（六）拆解高压电控总成并认知零部件 1. 高压电控总成前端分别为交流充电输入 L2、L3 相，交流充电输入 N、L1 相，输出至驱动电机，出水口，直流充电输入端口	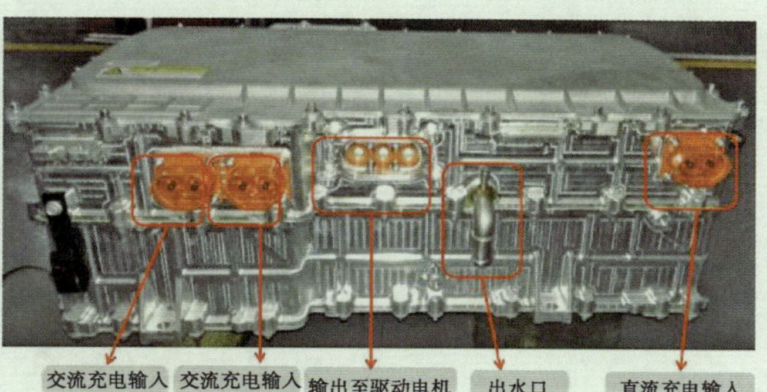 高压电控总成前端
2. 高压电控总成右侧为 DC/DC 低压输出端口和 32A 空调保险	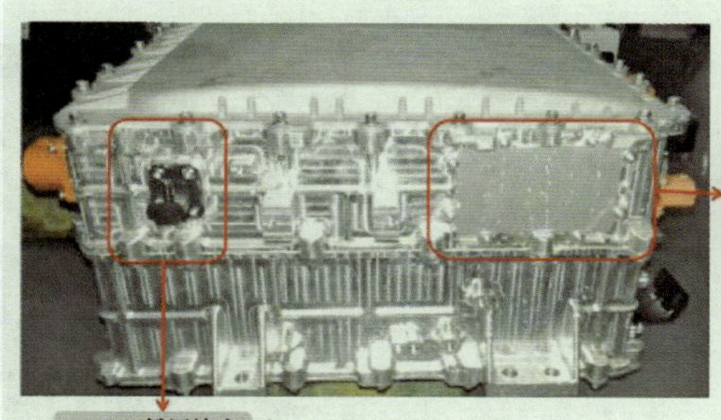 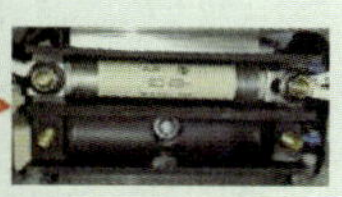 DC低压输出端与低压电池并联给整车低压系统提供13.8V电源 高压电控总成右侧
3. 高压电控总成左侧为 64PIN 低压接插件端口和进水口 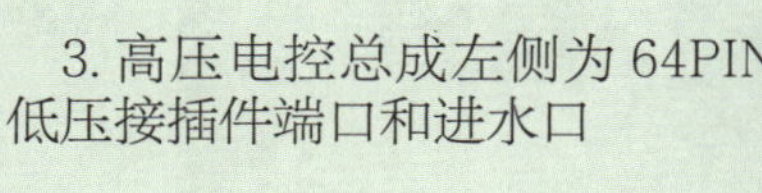	64PIN低压接插件 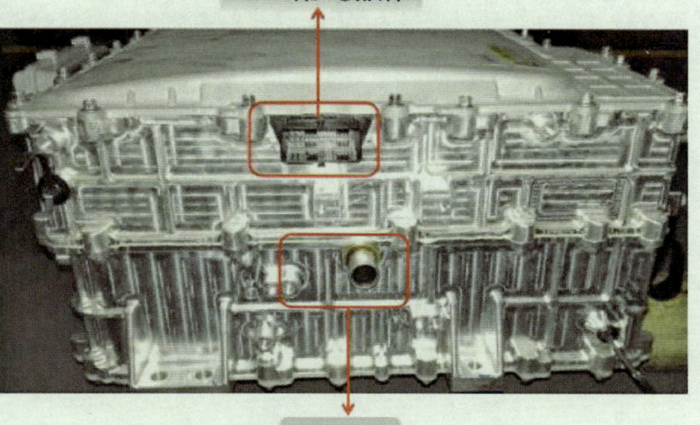 进水口 高压电控总成左侧

续表

拆卸步骤	图片
4. 高压电控总成后端为33PIN低压接插件、空调电动压缩机、PTC和电池包高压直流输入线束端口等	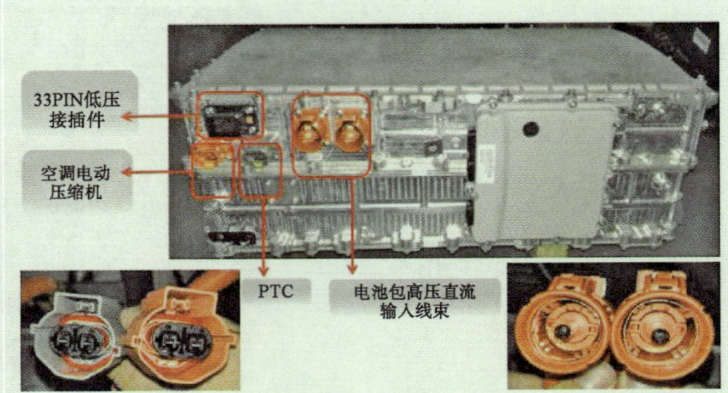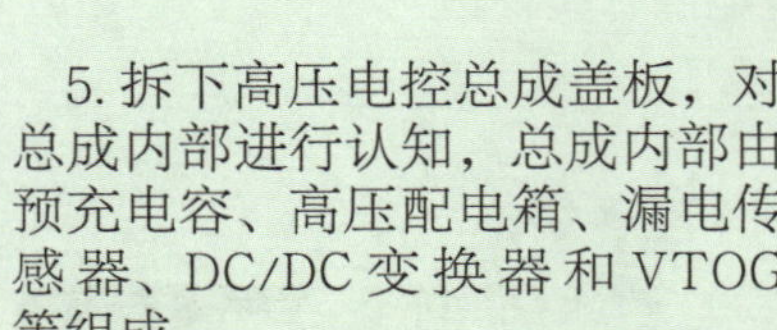 高压电控总成后端
5. 拆下高压电控总成盖板，对总成内部进行认知，总成内部由预充电容、高压配电箱、漏电传感器、DC/DC变换器和VTOG等组成	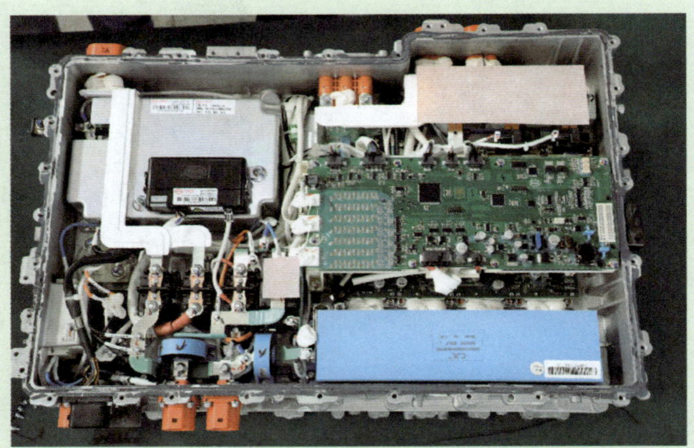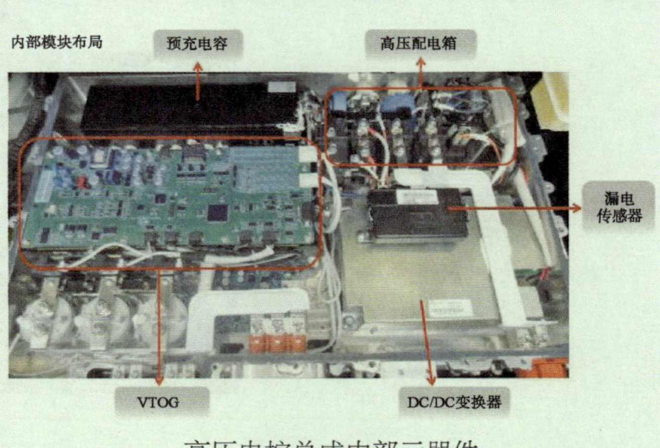 高压电控总成内部元器件

续表

拆卸步骤	图片
（七）拆卸驱动电机并认知零部件 1. 拆下高压电控总成下方的驱动电机及变速器	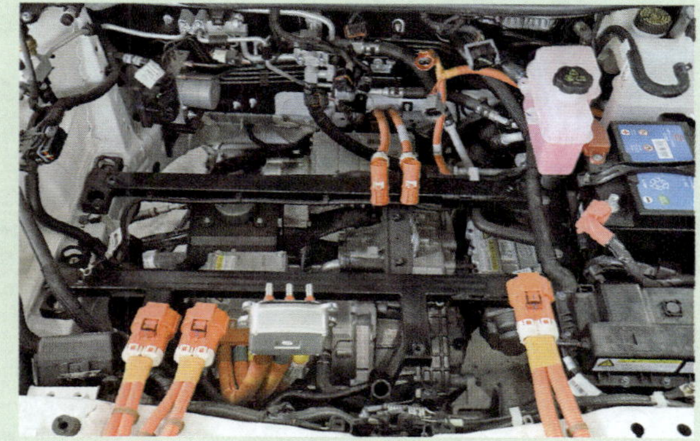 驱动电机总成
2. 将拆下的驱动电机总成放置在工作台上	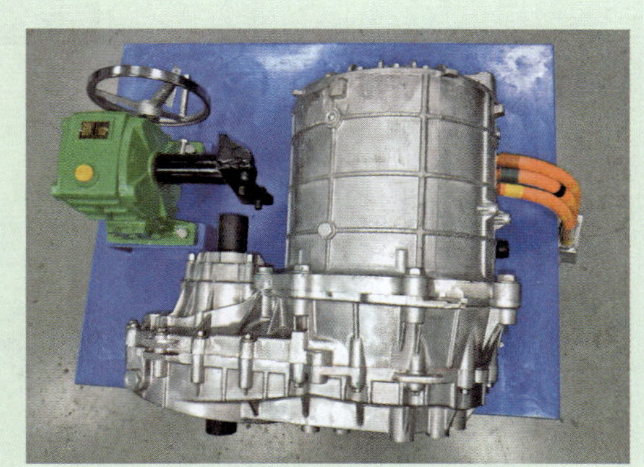 将驱动电机总成放置在工作台上
3. 对驱动电机总成进行拆解，分为驱动电机及变速器两部分	 驱动电机

续表

拆卸步骤	图片
3. 对驱动电机总成进行拆解，分为驱动电机及变速器两部分	 变速器
4. 对拆解后的驱动电机及变速器进行结构认知	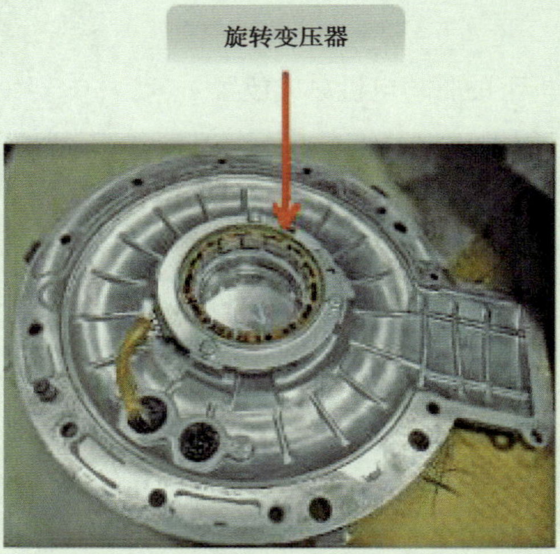 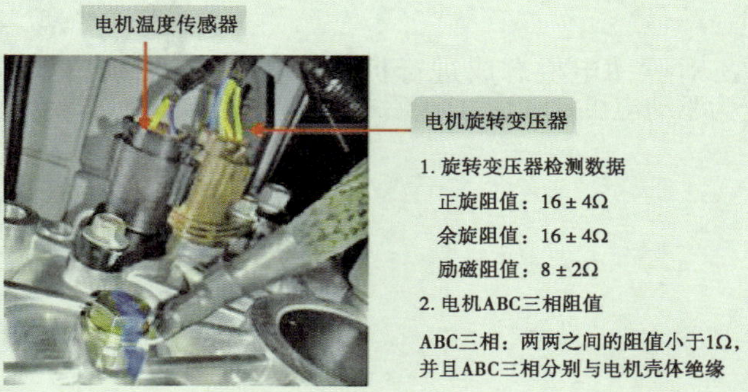 旋转变压器 电机温度传感器 电机旋转变压器 1. 旋转变压器检测数据 正旋阻值：16 ± 4Ω 余旋阻值：16 ± 4Ω 励磁阻值：8 ± 2Ω 2. 电机ABC三相阻值 ABC三相：两两之间的阻值小于1Ω，并且ABC三相分别与电机壳体绝缘

续表

拆卸步骤	图片
4. 对拆解后的驱动电机及变速器进行结构认知	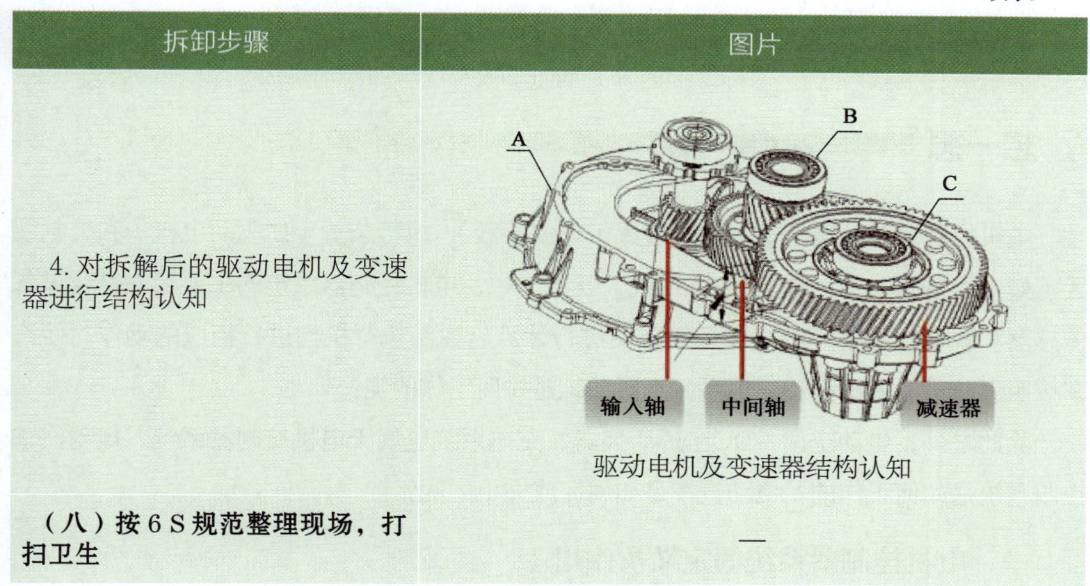 驱动电机及变速器结构认知
（八）按6 S规范整理现场，打扫卫生	—

思考与练习

1. 纯电动汽车驱动电机有哪些类型？
2. 纯电动汽车电机控制器的工作原理是什么？
3. 比亚迪—秦汽车装配的6HDT35变速器的优点是什么？
4. 对纯电动汽车驱动电机的要求有哪些？

课题三 | 电机控制器系统

学习目标

1. 掌握电动汽车电机控制器系统的组成及作用。
2. 掌握电动汽车电机控制器系统的控制原理。
3. 了解电动汽车电机控制器系统的通信网络。
4. 掌握电动汽车电动空调系统的组成及工作原理。

5. 掌握电动汽车 DC/DC 变换器的组成及工作原理。

6. 掌握电动汽车充电系统的分类、组成及工作原理

想一想

电机控制器系统包括输入信号装置（如传感器）、执行装置（如驱动电机）和控制装置（如电机控制器）。在电动汽车传统“三电”中，电机控制器系统的主要功能是通过各传感器和执行器，将驾驶员的控制意图进行计算后控制执行机构进行相应的动作，使汽车按照驾驶员的意图行驶。电机控制器系统是如何工作的呢？

除此之外，电动空调、DC/DC 变换器、充电系统也属于电机控制器系统。电动汽车空调系统是如何工作的？电动汽车是如何完成充电的呢？

一、电机控制器系统的定义及作用

1. 定义

电机控制器系统是对动力蓄电池进行科学管理，并对驱动电机进行合理控制的系统总称。

2. 作用

电机控制器系统的主要作用是判断驾驶员的驾驶意图，根据车辆行驶状态、电机驱动系统和动力蓄电池系统状态，合理分配动力，使车辆运行在最佳状态。电机控制器系统的工作过程如图 2-3-1 所示。

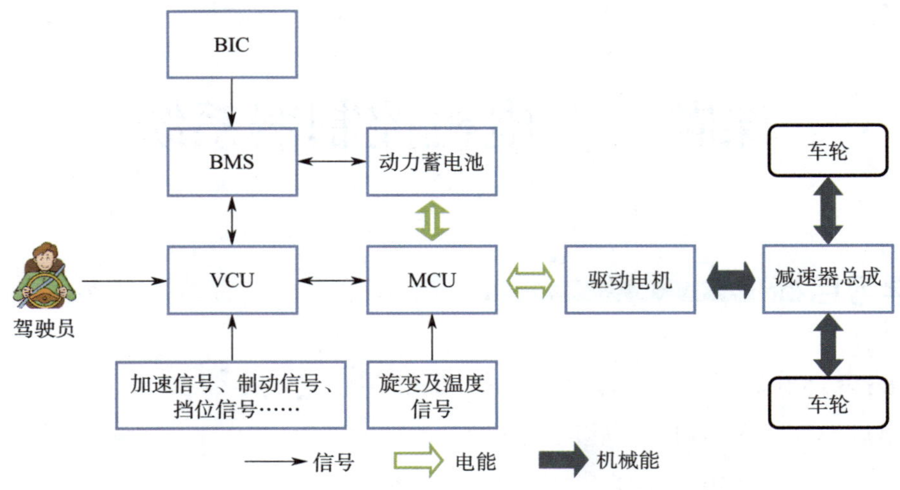

图 2-3-1　电机控制器系统的工作过程

电动汽车动力驱动系统运行时，动力控制模块接收各传感器的信号以及动力蓄电池和动力驱动系统的工作状态，并根据动力控制模块内部预先编制的控制程序和存储的数据，进行计算、处理、判断，确定驱动电机输出的合适转矩，并将数据转变为电信号，向各执行器发出指令，从而使动力驱动系统保持最佳运行状态。

二、电机控制器系统的组成

电动汽车电机控制器系统主要由加速踏板位置传感器、制动踏板位置传感器、挡位传感器等输入信号传感器，整车控制器（VCU）、电机控制器（MCU）、电池管理系统（BMS）等控制模块，以及驱动电机、动力蓄电池等执行元件组成，如图 2-3-2 所示。

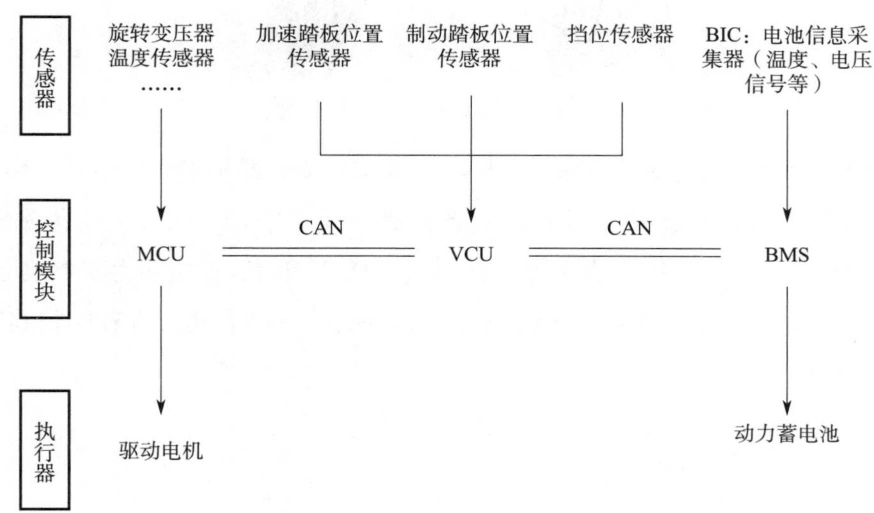

图 2-3-2 电动汽车电机控制器系统的组成

1. 传感器

传感器是一种检测装置，能按照一定的规律将所感受的信息转换成电信号或者其他所需形式的信息输送到控制单元。电动汽车电机控制器系统的主要传感器有加速踏板位置传感器、挡位传感器和制动踏板位置传感器等。

（1）加速踏板位置传感器

加速踏板位置传感器一般安装在驾驶舱加速踏板轴的一端，用于检测汽车加速或减速信号。

电动汽车一般采用电位器（滑动变阻器）型或非接触式（霍尔式）加速踏板位置传感器，通过脚踩加速踏板使传感器内部指针滑动（电位器型），如图 2-3-3 所示，从而改变滑动变阻器的阻值，最终影响加载在其上的电压值。

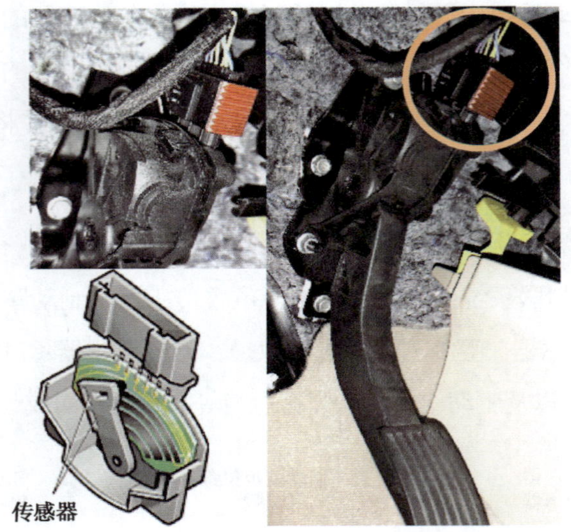

图 2-3-3　加速踏板位置传感器

当进行加速时，加速踏板被踩下，加速踏板位置传感器将加速度信号传递给 VCU（整车控制器），VCU 根据此信号并结合各控制单元（MCU、BMS）采集到的信息，进行数据分析和处理，将指令值输送到 MCU 和 BMS，BMS 控制动力蓄电池增加电能输出量，MCU 控制驱动电机输出合适的转矩，从而使车辆按驾驶员的预期速度行驶，如图 2-3-4 所示。

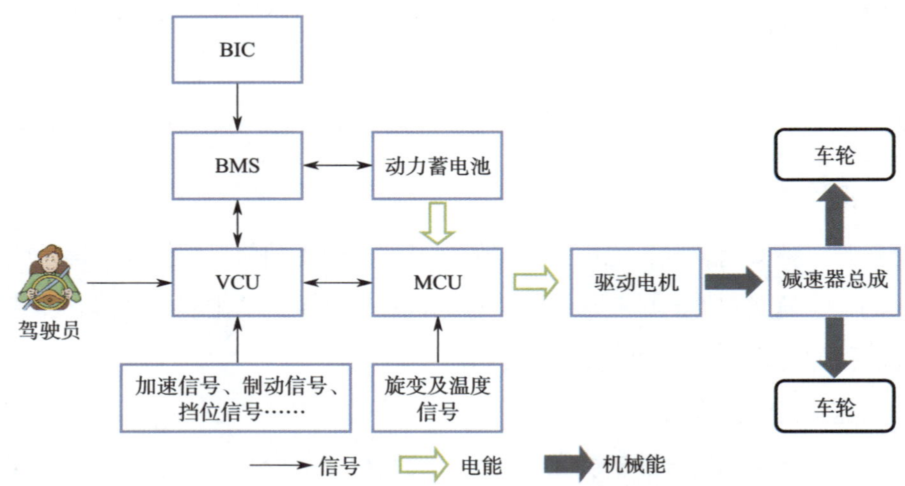

图 2-3-4　加速踏板位置传感器的控制原理

（2）挡位传感器

电动汽车一般采用电子换挡器，挡位设置为 R（倒车挡）、N（空挡）、D（前进挡），如图 2-3-5 所示。换挡器在正常工作状态下，应该可以在 R-N-D 三个挡位间进行切换，同时在仪表板显示屏上显示相应的挡位字母，如图 2-3-6 所示。

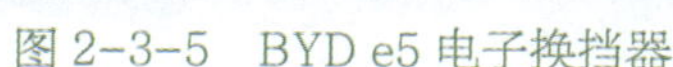

图 2-3-5 BYD e5 电子换挡器

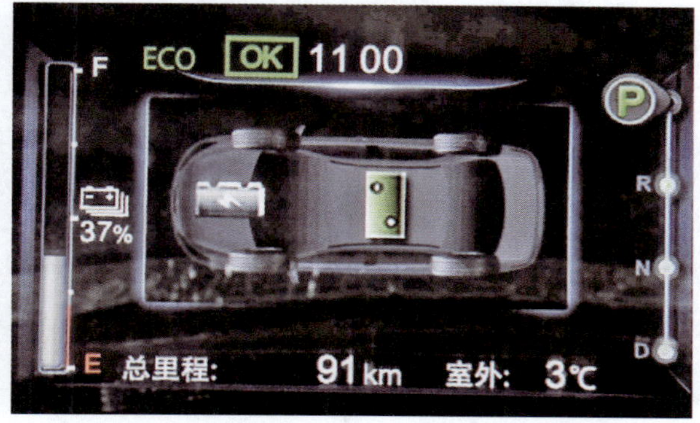

图 2-3-6 BYD e5 仪表板显示屏

（3）制动踏板位置传感器

电动汽车制动踏板位置传感器一般安装在驾驶室制动踏板轴的一端，用于检测汽车制动状态，同时用作制动灯开关。

当踩下制动踏板时，制动灯电路中的常闭开关打开，制动灯点亮，同时 VCU 中的常开开关闭合，将制动信号传输给 VCU。VCU 根据此信号并结合各控制单元（MCU、BMS）采集到的信息，进行数据分析和处理后，将指令信号输送到 MCU 和 BMS，BMS 控制动力蓄电池中断传递给 MCU 的电能，从而使车辆减速和停车。

电动汽车在制动时，VCU 一般还会给 MCU 回收电能的控制信号，进行制动能量回收。踩下制动踏板减速时，驱动轮通过传动装置拖动永磁同步电动机转子运转，旋转的永久转子磁场，分别切割 U-V-W 三相的定子绕组，从而产生 U-V-W 三相交流电。最后，MCU 将回收的三相交流电整流为直流电储存到动力蓄电池中，如图 2-3-7 所示。

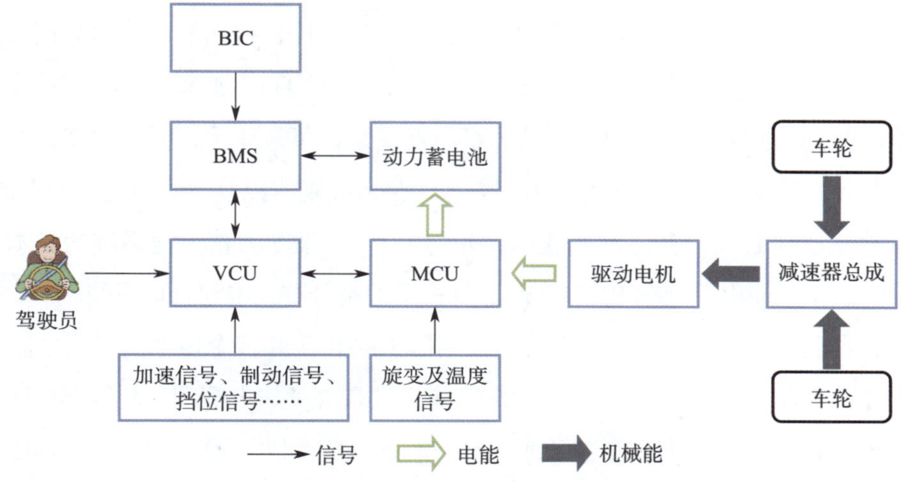

图 2-3-7 制动踏板位置传感器的控制原理

2. 执行器

执行器是指接收动力控制模块的控制指令完成具体的控制动作，并具体执行某项控制功能的装置。以BYD e5车型为例，其电机控制器系统的主要执行器有驱动电机和动力蓄电池（前面均已介绍过）。

3. ECU

电动汽车电机控制器系统ECU主要由整车控制器（VCU）、电机控制器（MCU）、电池管理系统（BMS）组成。

（1）整车控制器（VCU）

整车控制器是电动汽车的“大脑”，用来协调各零部件，使整车以最佳状态行驶。整车控制器是进行电动汽车动力控制及电能管理的载体。一方面，整车控制器通过自身数据采集模块获取驾驶员的需求信息；另一方面，与电机控制器、电池管理系统、电动辅助系统等部件组成CAN总线网络，可以实时获取当前整车状态，以及驱动电机、动力蓄电池、电动辅助等部件的参数，采用优化算法协调电动辅助部件和驱动电机运行，在满足驾驶员对整车动力性和舒适性需求的前提下，最大限度地节约电能。

（2）电机控制器（MCU）

电机控制器响应并反馈整车控制器（VCU）根据驾驶员意图发出的各种指令，同时接收驱动电机旋变、温度信号，实时调整驱动电机输出，以便控制驱动电机的转速、转向和通断。电机控制器的另一个重要功能是通信和保护，实时进行状态和故障检测，保护驱动电机和整车安全、可靠地运行。

（3）电池管理系统（BMS）

电池管理系统（BMS）按性质不同可分为硬件和软件，按功能可分为数据采集单元和控制单元。BMS是电池保护和管理的核心部件，在动力蓄电池系统中，它的作用相当于动力蓄电池的大脑。它不仅要保证动力蓄电池安全、可靠使用，而且要充分发挥电池的能力，并延长其使用寿命。作为动力蓄电池、整车控制器以及驾驶员之间沟通的桥梁，通过控制接触器控制动力蓄电池充放电，并向VCU上报动力蓄电池系统的基本参数及故障信息。以比亚迪电动汽车BMS为例，其采用的是分布式电池管理系统。

分布式电池管理系统由一个电池管理控制器（BMC）和多个电池信息采集器（BIC）及一套动力蓄电池采样线组成。其中，BMC主要实现充/放电管理、接触器控制、功率控制、电池异样状态报警和保护、SOC/SOH计算、自检以及通信功能等；BIC主要实现电池电压/温度采样、电池均衡、采样线异常检测等；动力蓄电池采样线主要用于连接BMC和BIC，实现两者之间的通信及信息交换。

4. 电动汽车控制系统通信网络

控制系统通信网络包括 CAN 总线和 LIN 总线等多种模式。图 2-3-8 所示为 BYD e6 纯电动汽车控制系统网络拓扑图，采用 CAN 总线拓扑方式。

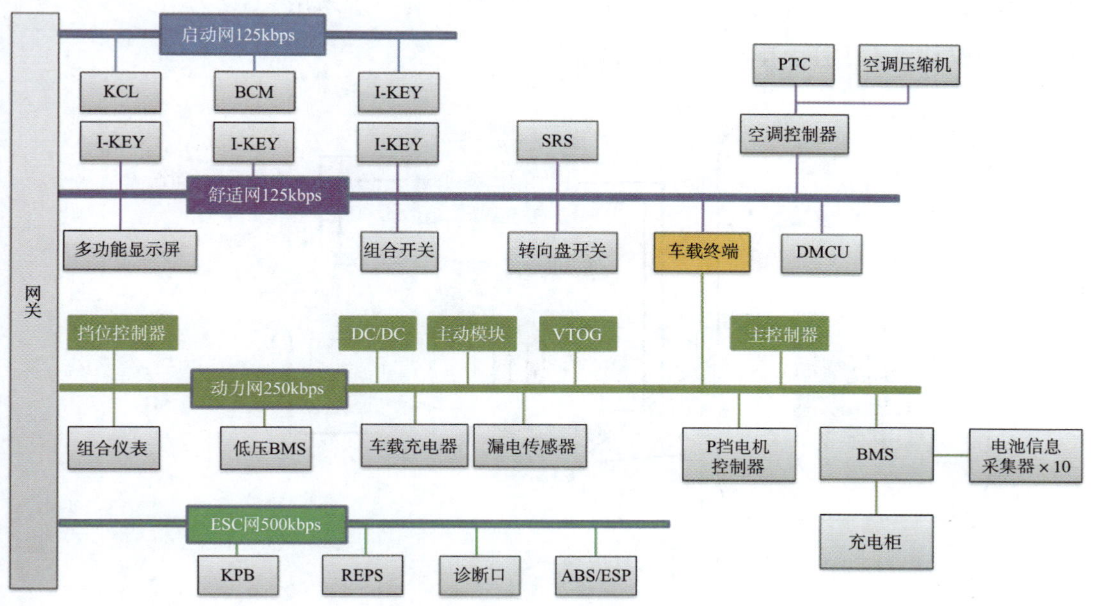

图 2-3-8　BYD e6 纯电动汽车控制系统网络拓扑图

三、电动空调系统

1. 电动空调系统概述

电动空调系统如图 2-3-9 所示，与传统皮带式空调系统相比，电动空调压缩机比传统空调压缩机效率更高。在电动空调系统中，将驱动电机整合到空调压缩机室内，空调压缩机一般都是由动力蓄电池组来供给高电压，电动空调压缩机的电机是通过小型变频器驱动的交流电动机。目前，大多数纯电动汽车厂家将压缩机的变频器整合到压缩机组件中，或者并入高压控制总成内。

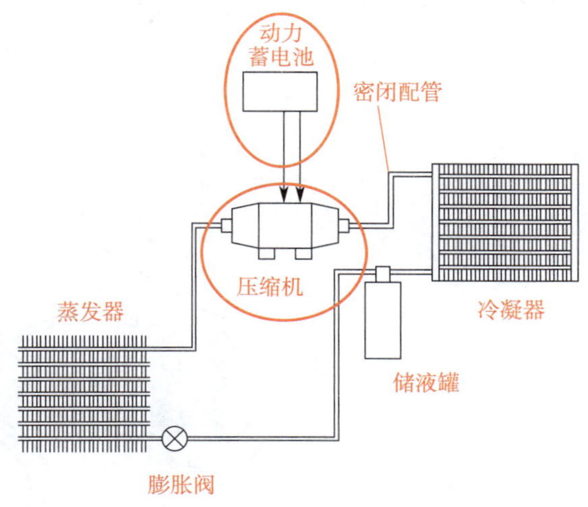

图 2-3-9　电动空调系统的组成

与传统皮带式空调系统的压缩机相比，电动空调压缩机并非由离合器控制，压缩机可以通过改变电动机转速来不断改变其输出功率。

2. 电动空调系统的结构与功能

（1）丰田普锐斯空调系统

丰田普锐斯（混合动力电动汽车）电动空调系统主要由机舱部分，控制部分，制冷、制热及送风部分组成，如图 2-3-10 所示。普锐斯空调系统采用 ES18 型电动变频压缩机，即使发动机不工作，电动空调系统也能工作。

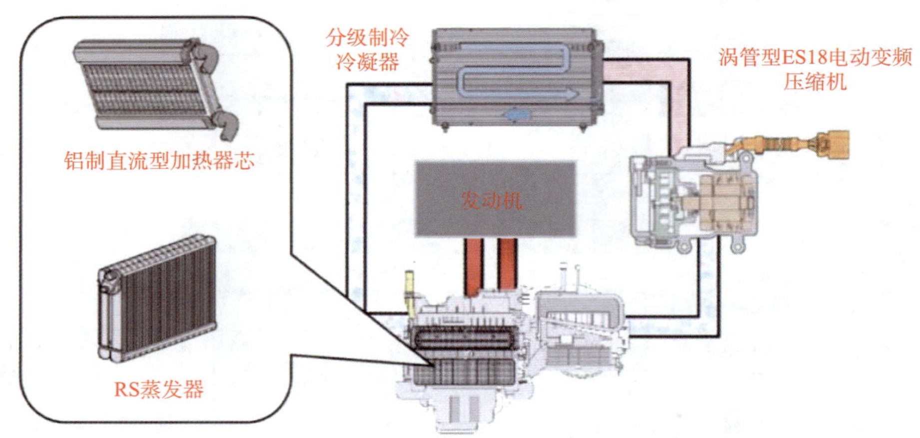

图 2-3-10　电动空调系统的组成

1）组成部分

①机舱部分

机舱部分主要零部件包括：电动变频压缩机、带储液器的冷凝器总成、环境温度传感器、空调压力传感器、空调 ECU 等，如图 2-3-11 所示。

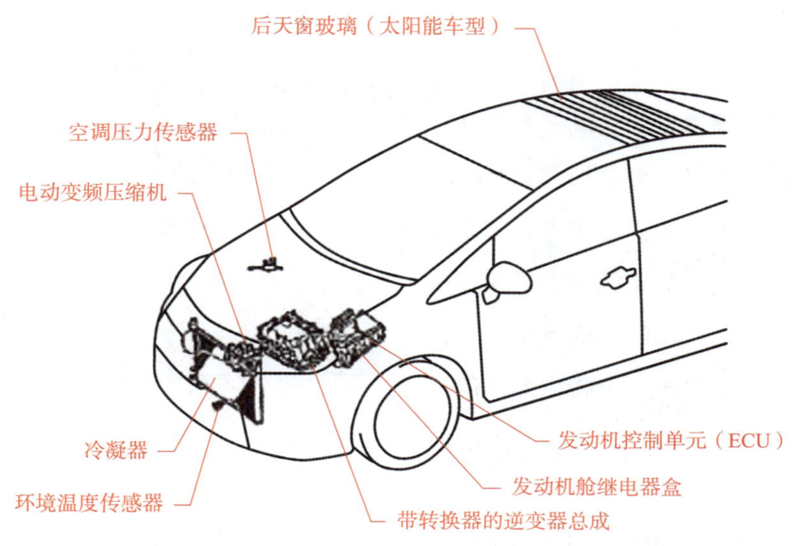

图 2-3-11　空调系统机舱部分的组成

②控制部分

控制部分主要零部件包括：空调控制总成、空调放大器总成、阳光传感器、车内温度传感器、转向盘装饰盖开关总成、ECO 模式开关等，如图 2-3-12 所示。

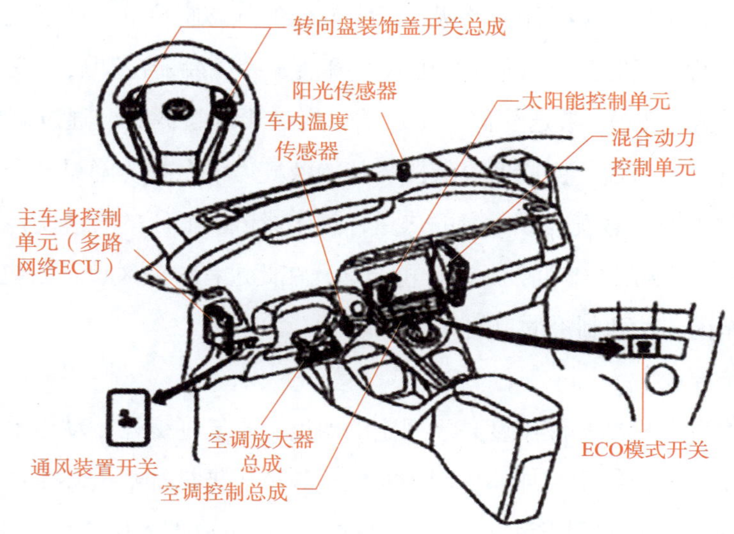

图 2-3-12　空调系统控制部分的组成

③制冷、制热及送风部分

制冷、制热及送风部分主要零部件包括：鼓风机分总成、暖风散热器分总成、膨胀阀、蒸发器总成、蒸发器温度传感器、PTC 加热器（快速加热器总成）、空气混合风门伺服机构分总成、再循环风门伺服机构分总成、模式风门伺服机构分总成、空气净化滤清器，如图 2-3-13 所示。

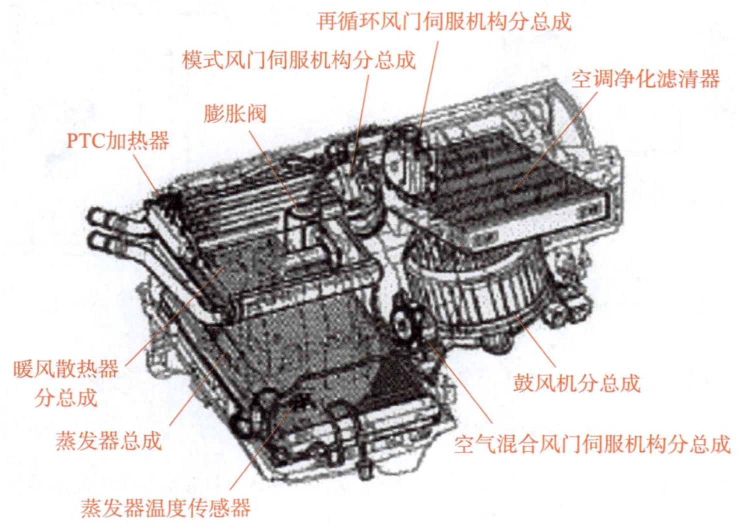

图 2-3-13　空调系统制冷、制热及送风部分的组成

2）工作原理

①制冷系统原理

如图 2-3-14 所示，当制冷系统工作时，空调变频器提供交流电驱动电动变频压缩机工作，电动变频压缩机从低压管路吸入低温低压的气态制冷剂，压缩成高温高压气态制冷剂（压缩过程），再通过高压管路进入冷凝器，经冷凝器冷却后，变为高温高压的液态制冷剂（冷凝过程），被送往储液干燥器，经过干燥过滤后，通过高压管路流入膨胀管，经膨胀管小孔节流，变成低温低压雾状的液气态混合物（降温降压）送入蒸发器中，制冷剂在其内膨胀蒸发吸收大量的热量，气化成低温低压的气态制冷剂（蒸发吸热过程），重新被电动变频压缩机吸入进行再循环，在此过程中鼓风机不断地将蒸发器表面的冷空气吹入车内，达到制冷的目的。

②供暖系统原理

当混合动力发动机冷却液温度高于规定的温度，直流逆变器驱动电动冷却液泵将发动机冷却液抽入暖风液箱中，加热周围的空气；鼓风机把被加热的热空气吹入车内。冷却液降温后通过散热器回到发动机。当混合动力发动机冷却液温度低于规定的温度时，冷却液不能提供足够的热量或不能提供热量，这时 PTC 加热器加热空气，鼓风机将被加热的热空气吹入车内，如图 2-3-15 所示。

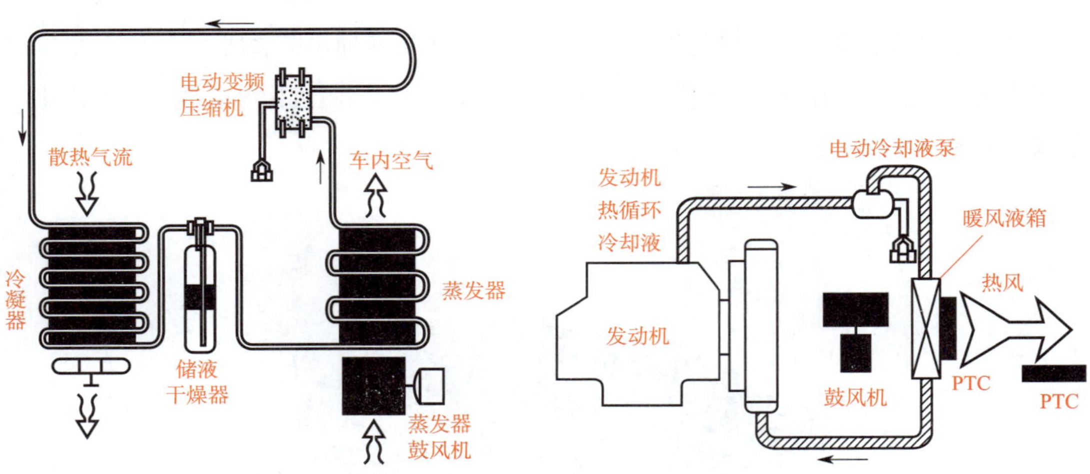

图 2-3-14　空调系统制冷系统原理　　图 2-3-15　暖风系统制热及送风部分

暖风电动水泵在发动机不运转的时候也能提供稳定的加热性能。由于采用了新型的阻力很小的电动水泵，取消了旁通阀。当鼓风机电机打开，发动机混合动力系统停止时，空调放大器根据空气混合风门开度打开电动水泵。暖风电动水泵的安装位置如图 2-3-16 所示。

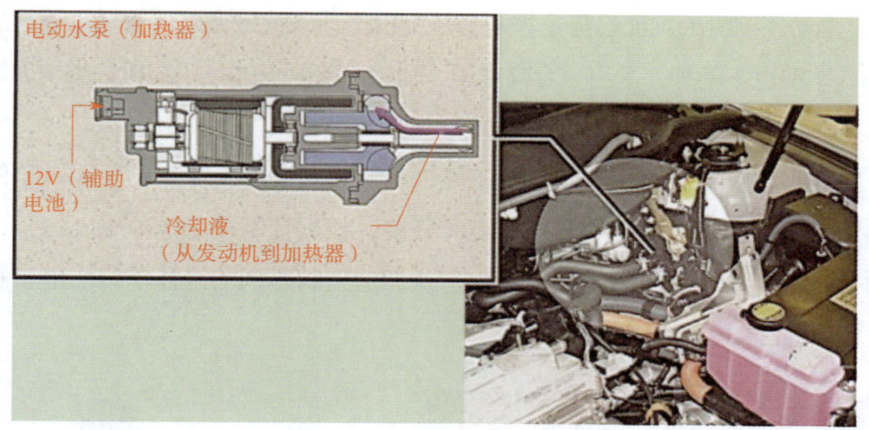

图 2-3-16 暖风电动水泵的安装位置

（2）比亚迪 e5 电动空调系统

比亚迪 e5（纯电动汽车）电动空调系统采用单蒸发机单压缩机自动调节空调，主要由电动压缩机、冷凝器、HVAC 总成、制冷管路、PTC 加热器、暖风水管、风道、空调控制器等零部件组成。该系统利用 PTC 水暖型加热器采暖，利用蒸气压缩式制冷循环制冷，制冷剂为 R410A，冷冻油型号为 POE，控制方式为按键操纵式。自动空调箱体的模式风门、冷暖混合风门和内外循环风门都采用电机控制。

1）组成部分

①电动压缩机

制冷系统采用电动压缩机，额定功率为 2 kW，其基本功能是驱动和建立压力差，在空调系统回路中起驱动制冷剂的作用，并将机械能转换为热能。电动压缩机安装在机舱靠左侧，固定在变速器上，如图 2-3-17 所示。

图 2-3-17 电动压缩机的安装位置

目前，电动压缩机的主流趋势是控制与压缩机本体集成的方式，就是压缩机加电控的组合体，e5 车型也不例外，采用适合高电压、变频节能的一体化压缩机，类型为涡旋式。

②电子膨胀阀

电子膨胀阀和变频压缩机一起有效工作，利用它精确控制流量的功能，整体提升空调系统的工作效率，可实时调节开阀速度和开度。根据控制器的脉冲电压信号，阀芯在控制器的控制下运动，调节阀体通道大小，从而达到制冷剂的设计流量。电子膨胀阀及其安装位置如图 2-3-18 所示。

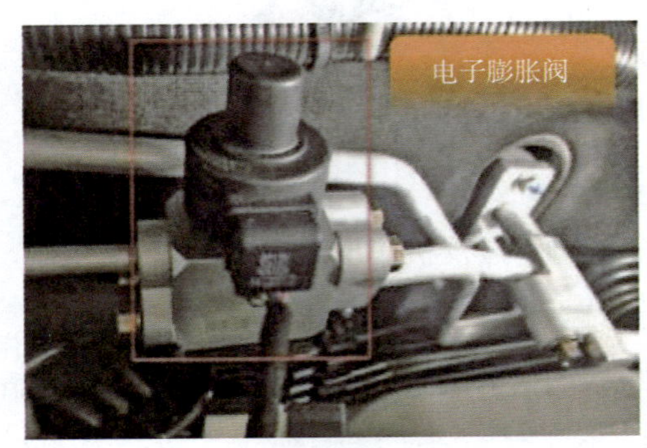

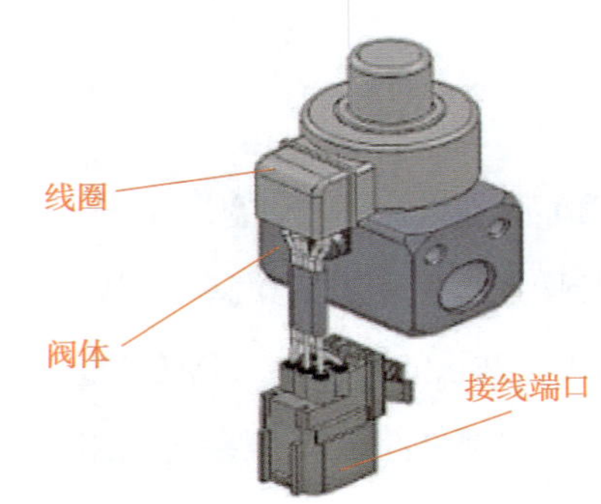

图 2-3-18 电子膨胀阀及其安装位置

③充注阀口

比亚迪 e5 空调系统采用的是 R410A 制冷剂，其抽真空和加注分为 2 套设备。R410A 空调系统属于高压空调系统，在空调系统维修过程中，如需要更换零部件，一定要用制冷剂回收设备或者压力表放出制冷剂，避免高压制冷剂喷出对维修人员带来伤害。

④ PTC 水暖型加热器

暖风系统采用 PTC 水暖型加热器，PTC 加热冷却液后供给暖风芯体。该 PTC 水暖型加热器自带水温传感器、高压互锁装置、IGBT 温度传感器、电压采集与电流采集以及对应的自动保护程序，水温传感器用以监测流经 PTC 水暖型加热器后的水温数值。PTC 水暖型加热器及其安装位置如图 2-3-19 所示。

⑤暖风电子水泵

暖风电子水泵安装在电动压缩机后上方、左传动轴上方，在高压电控总成安装支架上固定，用于驱动冷却液在系统中循环，如图 2-3-20 所示。

⑥空调控制器

空调控制器是整个空调系统（包括制冷、供暖）的总控中心，协调控制空调系统的工作，它安装在蒸发箱体底部。空调控制器在整车 CAN 网络上属于舒适网，它与电动压缩机模块、PTC 模块组成一个空调子网。

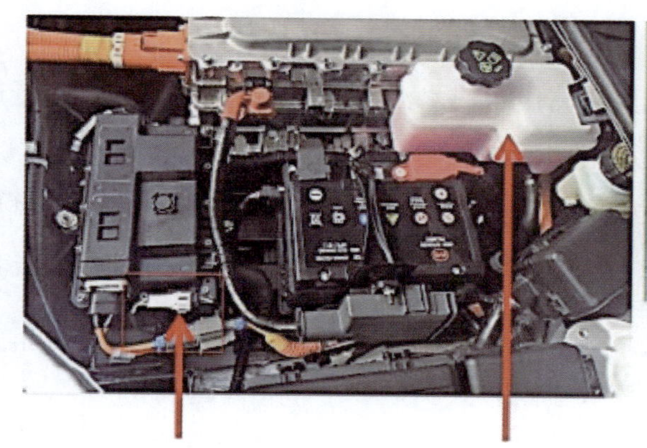

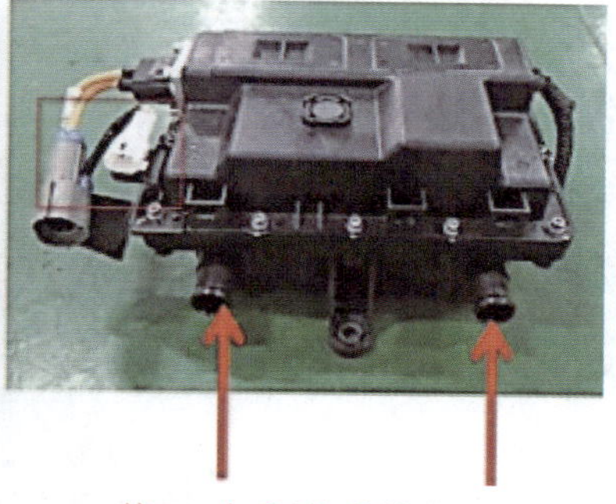

图 2-3-19 PTC 水暖型加热器及其安装位置

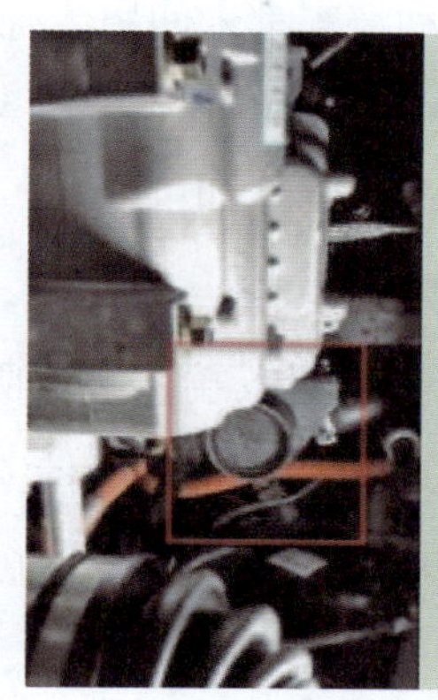

图 2-3-20 暖风电子水泵

2）工作原理

①制冷系统原理

由空调驱动器驱动的电动压缩机将气态的制冷剂从蒸发器中抽出，并将其压入冷凝器。高压气态制冷剂经过冷凝器时液化进行热交换（释放热量），热量被车外的空气带走。高压液态的制冷剂经膨胀阀的节流作用而降压，低压液态制冷剂在蒸发器中气化进行热交换（吸收热量），蒸发器附近被冷却了的空气通过鼓风机被吹入车厢。气态的制冷剂又被压缩机抽走，泵入冷凝器，如此使制冷剂进行封闭的循环流动，不断地将车厢内的热量排到车外，使车厢内的气温降至适宜的温度。

②供暖系统原理

供暖系统采用 PTC 加热器加热冷却液，加热后的冷却液流经暖风芯体将热量传递给鼓风机吹出的空气，冷却后的冷却液由水泵泵进 PTC 加热器，如此循环。加热后的空气被送到车厢内或风窗玻璃，用以提高车厢内温度和除霜。

③风扇控制逻辑

发动机出水口温度高于 98 ℃或散热器出水口水温高于 80 ℃的时候，风扇低速运转；发动机出水口温度低于 96 ℃且散热器出水口温度低于 65 ℃的时候，风扇停转。

发动机出水口温度高于 106 ℃或者散热器出水口水温高于 86 ℃的时候，风扇高速运转；发动机出水口温度低于 100 ℃且散热器出水口温度低于 75 ℃的时候，风扇停转。

空调打开后，且 ECU 检测到中压开关低电平信号后，控制风扇高速运转。

四、DC/DC 变换器

1. DC/DC 变换器的功能

目前，所有纯电动汽车和几乎所有的混合动力电动汽车都未使用传统的 12 V 交流发电机和稳压器。但是电动汽车中仍然有 12 V 电路，包括 12 V 电池。12 V 电池通常称为辅助电池，因为它不常用于启动或带动混合动力电动汽车的发动机。

DC/DC 变换器替代了传统燃油汽车挂接在发动机上的 12 V 发电机，和启动电池并联为各用电器提供低压电源。DC/DC 变换器在直流高压输入端接触器吸合后便开始工作，输出标称电压为 13.8 V。DC/DC 变换器在上 OK 电时、充电时（包括交流充电、直流充电）、智能充电时都会工作，以辅助低压铁电池为整车提供低压电源，如图 2-2-36 所示。

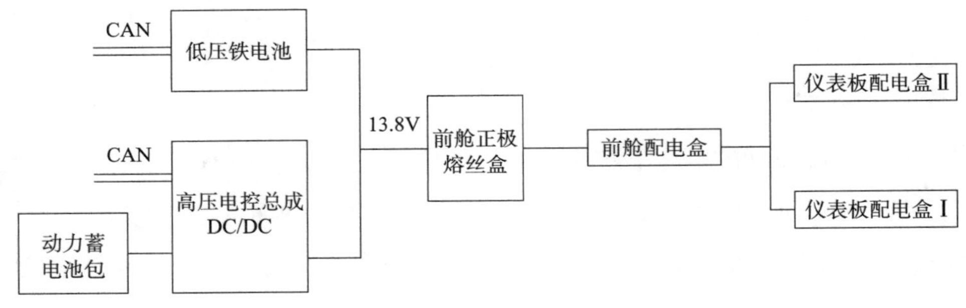

图 2-3-21　DC/DC 变换器工作简图

2. DC/DC 变换器的结构组成

DC/DC 变换器能够实现直流到直流的电量变换，有升压、降压、双向降—升三种形式，是实现电气系统电能变换、传输和电气拖动的重要电气设备。DC/DC 变换器为隔离型桥式转换器，主要包括主功率开关管 IGBT、高频变压器、输出整流桥、输出滤波电感和电容、输出逆止二极管及开关器件缓冲电路等。

在汽车行驶期间，DC/DC 变换器将动力蓄电池组（或者制动回收时的变频器）供给的高压直流电转换成 12 V 的低压直流电，供给各低压用电设备使用，以及为低压蓄电池补充充电。DC/DC 变换器没有可动部件，只要冷却充分，可安置在不同位置。

DC/DC 变换器可使用水冷式冷却系统或风冷式冷却系统。常见的 DC/DC 变换器嵌入位置包括汽车的发动机舱，有的为独立件，如比亚迪 e6 车型，如图 2-3-22 所示。图 2-3-23 所示为 DC/DC 变换器实物图。

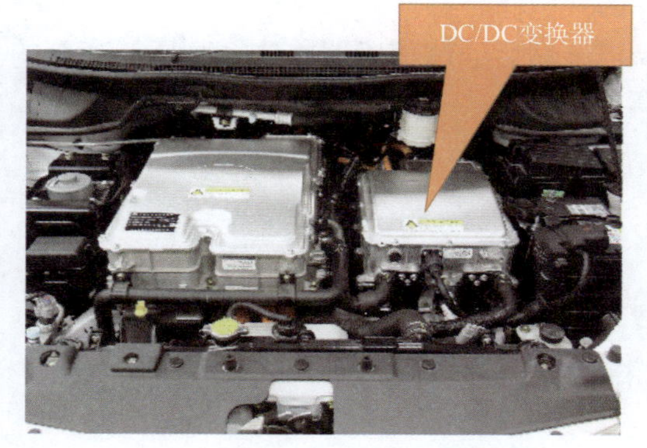

图 2-3-22　BYD e6 车型 DC/DC 变换器的安装位置

图 2-3-23　DC/DC 变换器实物图

有些 DC/DC 变换器集成到变频器总成中，如比亚迪 e5 车型的 DC/DC 变换器集成在高压电控总成内部，如图 2-3-24 所示；或者安装在汽车动力蓄电池组旁边。车辆在启动后或充电时，为低压铁电池补充电量，相当于传统燃油车上的发电机。

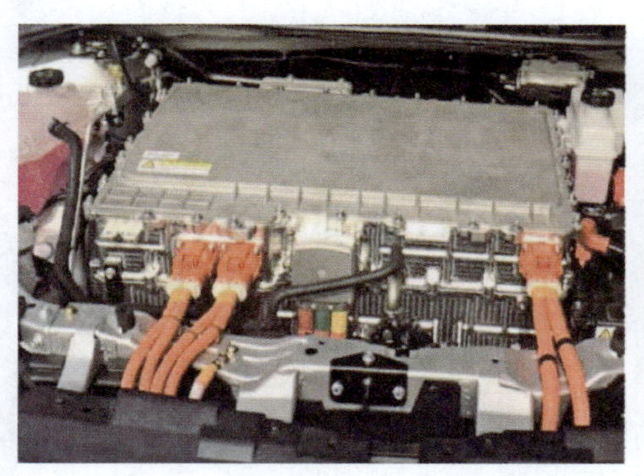

图 2-3-24　BYD e5 车型 DC/DC 变换器的安装位置

3. DC/DC 变换器的工作原理

（1）电路组成

DC/DC 变换器电路又称为降压斩波电路，主要由主电路、控制电路、驱动电路及保护电路组成。

1）主电路。主电路用来完成直流到直流的降压变换，称为直流斩波电路。

2）控制电路。控制电路用来产生降压斩波电路的控制信号，并传到驱动电路。

3）驱动电路。驱动电路将控制信号转换为加在开关控制端，可以使其开通或关断的信号。通过控制开关的开通和关断来控制降压斩波电路的主电路工作。

4）保护电路。保护电路用来防止电路产生过电流现象，损坏电路设备。

（2）工作原理

DC/DC 变换器的工作原理：由 ECU 控制绝缘栅双极晶体管的导通和截止，将动力蓄电池组件的直流电逆变成高压、高频的交流电，然后通过变压器将这一高压、高频的交流电转变为低压、高频的交流电，最后通过二极管整流滤波变为 12 V 的直流电。

DC/DC 变换器的工作过程如下：

1）整车 ON 挡上电或充电唤醒上电。

2）动力蓄电池完成高压系统预充电流程。

3）VCU 发给 DC/DC 变换器使能信号。

4）DC/DC 变换器开始工作。

DC/DC 变换器的具体工作过程如图 2-3-25 所示。当 ECU 控制 IGBT2 和 IGBT3 导通时，动力蓄电池组件电流从正极流经 IGBT2 至变压器初级绕组上端，向下流过初级绕组；经 IGBT3 到动力蓄电池组件负极，完成回路。

当 ECU 控制 IGBT1 和 IGBT4 导通时，动力蓄电池组件电流从正极流经 IGBT1 至变压器初级绕组下端，向上流过初级绕组，经 IGBT4 到动力蓄电池组件负极，完成回路。

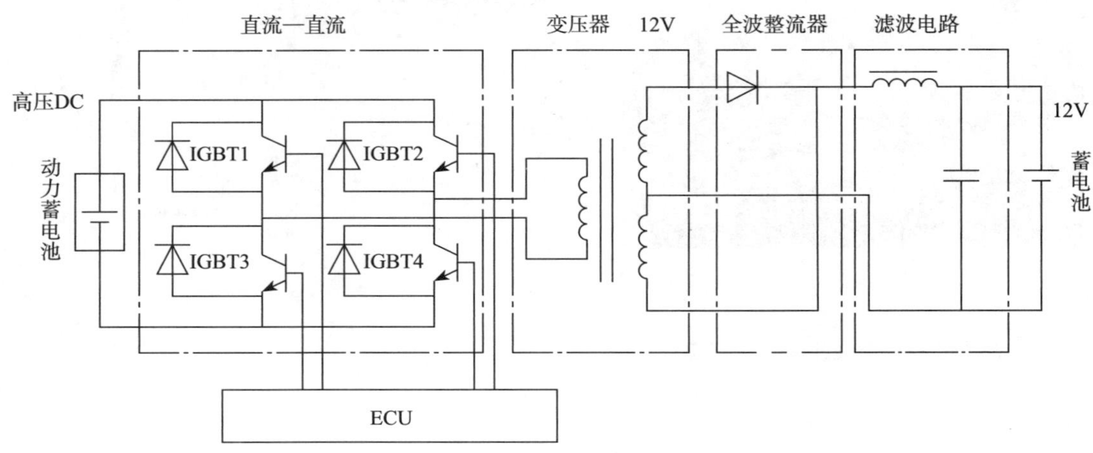

图 2-3-25　DC/DC 变换器的工作过程

两次不同的导通过程，在变压器初级绕组中产生不同方向的交变磁场，在变压器次级绕组感应出 12 V 的交流电。此过程完成了将高压直流电转变成交流电，经变压器进行降压，在次级绕组输出 12 V 的低压交流电。12 V 的低压交流电经全波整流器进行整流，再经滤波器电路过滤，形成一个趋于平稳的 12 V 的直流电输出。

4. 比亚迪 e5 的 DC/DC 变换器的工作特性及外部连接情况

比亚迪 e5 的 DC/DC 变换器的工作特性见表 2-3-1。

表 2-3-1　比亚迪 e5 的 DC/DC 变换器的工作特性

工作参数	参数数值
输入电压	400～760 V DC
额定输出电压	13.8 V DC
额定输出电流	160 A
电压稳定度	5%
负载稳定度	5%
静态功耗	<2 mA

DC/DC 变换器的外部高压输入也是高压电控总成的直流母线输入，如图 2-3-26 所示。

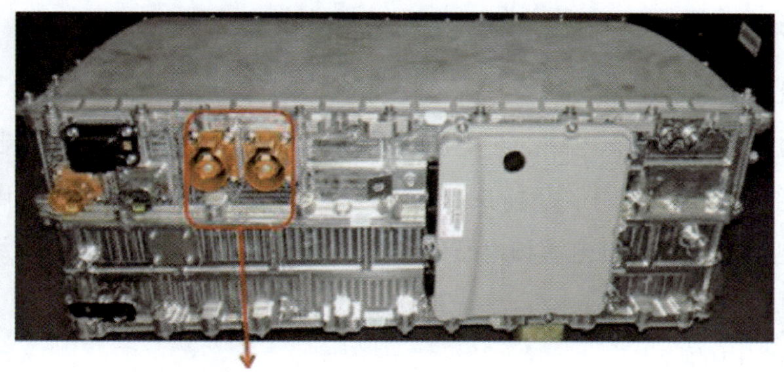

图 2-3-26　DC/DC 变换器的外部高压接口

DC/DC 变换器的输出及连接关系如图 2-3-27 所示。

DC/DC 的输出正极通过正极熔丝盒直接与低压铁电池正极相连，而 DC/DC 的输出负极则是通过高压电控总成壳体搭铁。

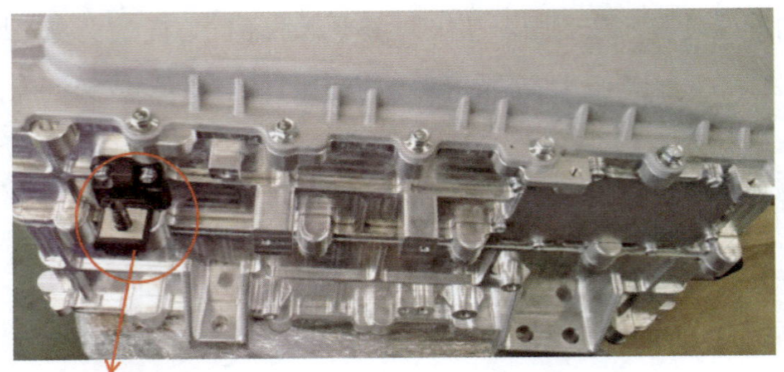

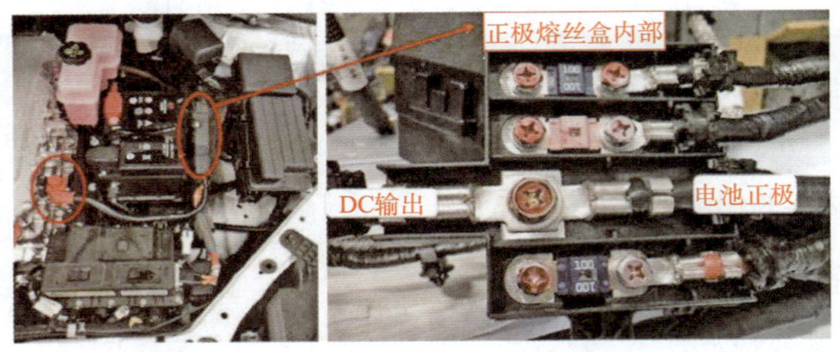

图 2-3-27　DC/DC 变换器的输出及连接关系

五、充电系统

电动汽车充电系统是汽车动力的能源补给系统，是电动汽车使用过程中不可或缺的环节。电动汽车目前存在多种充电模式，为最大限度地兼容各类充电方式，比亚迪 e5 车型充电系统同时拥有直流充电和交流充电两个系统。

1. 直流充电

（1）直流充电的工作原理

直流充电主要是利用充电站的充电桩，通过直流高压电直接从直流充电口为动力蓄电池充电，能使动力蓄电池在短时间内充足 80% 左右的电量，大大缩短充电时间。直流充电桩的充电功率大，输出电流和电压变化范围宽。图 2-3-28 所示为金龙纯电动客车进行直流充电。

（2）直流充电的特点

虽然直流充电的充电速度快，但是对充电设备安装要求高，设备自身成本较高，并且充电电流、电压较高，短时间内对动力蓄电池的伤害较大，容易造成动力蓄电池过热等现象。直流充电模式实质上为应急充电模式，其目的是在短时间内为电动汽车充电。高电压、大电流的工作条件，使直流充电模式一般在大型充电站或服务区作为应急使用。

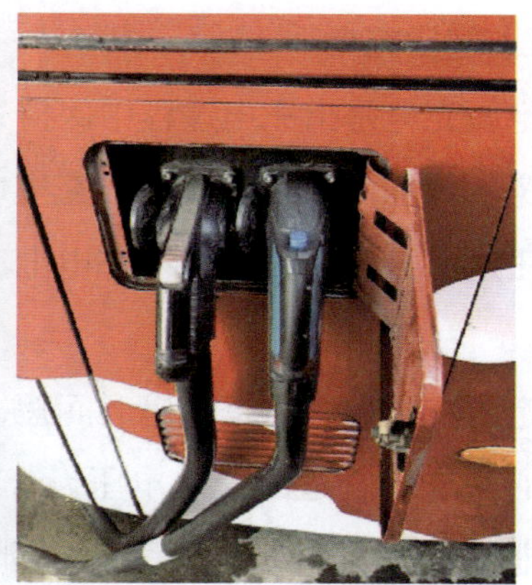

图 2-3-28　金龙纯电动客车进行直流充电

2. 交流充电

（1）交流充电的工作原理

将交流充电桩、壁挂式充电盒以及便携式充电枪接入电动汽车的交流充电口，通过高压电控总成中的 VTOG 或车载充电机将交流电转变为 650 V 的直流高压电，再经过高压电控总成中的高压配电箱为动力蓄电池充电的方式称为交流充电。交流充电的充电电流较小，一般为 16～32 A，配合合适的插座和车载充电机，可以在家中（普通插座）为电动汽车进行充电。交流充电方式的缺点是充电时间较长，但对充电的要求不高，充电器及安装成本较低，可充分利用闲暇时间进行充电。更重要的是可对电池深度充电，提升电池充放电效率，延长电池使用寿命。最新款比亚迪 e5 车型已取消采用充电桩进行交流充电的方式，只采用车载充电机进行交流充电，如图 2-3-29 所示。

利用车载充电机进行充电　　车载充电机

图 2-3-29　比亚迪汽车采用车载充电机进行充电

（2）交流充电方式

交流充电模式主要采用定压充电和定流充电两种充电方式。

1）定压充电

定压充电是指充电过程中保持充电电压不变的充电方式，充电电流随动力蓄电池组电动势的增加而减小。合理的充电电压，应在电池组充电终了时使充电电流趋于 0。如果电压过高会造成充电初期充电电流过大和过充电，电压过低则会使动力蓄电池组充电不足。

定压充电的优点是充电时间短，充电过程中无须调整电压，适合于补充充电。其缺点是必须选择合适的充电电压，若电压过高，容易过充电，造成蓄电池活性物质脱落，蓄电池整体发热，且不能保证蓄电池组完全充满电。

2）定流充电

定流充电是指充电过程中保持充电电流基本恒定的充电方式。在充电过程中因为充电电流会随着电池组电动势的增加而减小，所以需要随着充电程度增加分级调整充电电流。

定流充电适应性强，可以随时调整充电电流，能应对各种情况下的电池组深度充电，且对电池组损伤小，可延长电池组的使用寿命。定流充电的缺点是充电时间过长，需要经常调节充电电压来调整充电电流。

目前，交流充电模式基本都采用定压和定流充电方式混合工作，充电前期采用定流充电，可保证电池深度充电；后期采用定压充电，可自动减少电流大小结束充电，从而避免过充电。定压与定流混合充电过程如图 2-3-30 所示。

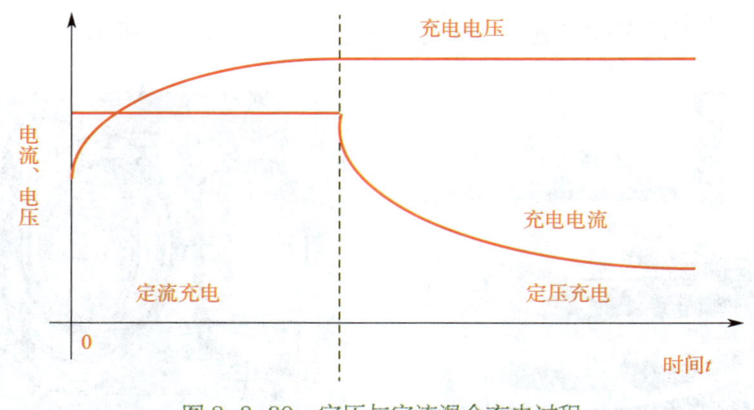

图 2-3-30　定压与定流混合充电过程

3. 电动汽车充电系统的组成

比亚迪 e5 的充电系统主要由交流充电口、直流充电口（见图 2-3-31）、电池管理器、高压电控总成及动力蓄电池组成。

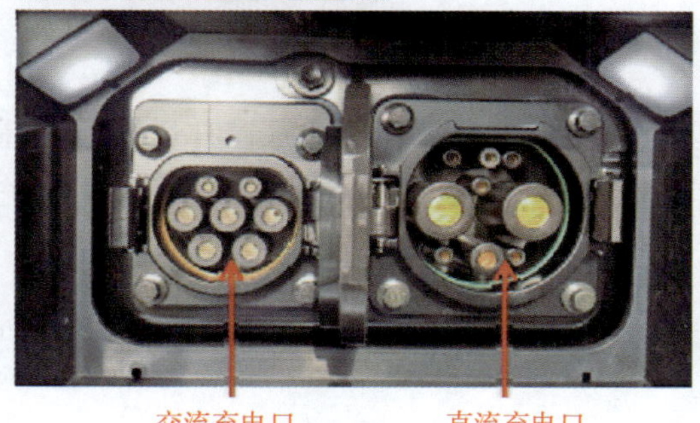

图 2-3-31　比亚迪 e5 充电口

（1）交流充电系统

1）作用

车载充电机（VTOG 或 OBC）通过交流充电口与交流充电枪连接后，实现与交流供电设备连通，并最终实现交流充电。

2）结构

交流充电系统除了具有与交流充电枪对接的 7 芯端口外，还在交流充电口上装有温度传感器和电锁机构，用于检测充电过程的温度，并锁止充电口。

图 2-3-32 所示为比亚迪 e5 交流充电口 7 芯端口及其定义。该设备用于车辆在不带充电枪的交流充电桩上使用，额定功率为 7 000 W，CC 端与 PE 端之间的阻值为 220 Ω。

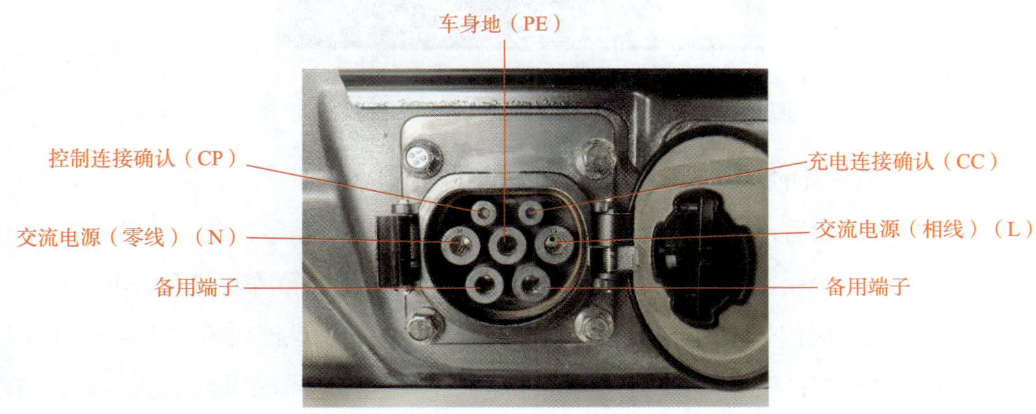

图 2-3-32　BYD e5 交流充电口 7 芯端口及其定义

3）交流充电系统的原理

利用车载充电机充电时，交流充电系统将自动识别单相、三相相序并根据充电电流控制充电方式，根据充电设备识别充电功率。

（2）直流充电系统

1）作用

直流充电桩通过直流充电口连接后实现与电池管理器交互，并最终通过高压电控总成（经升降压模块升压后再经高压配电箱，或直接经过高压配电箱）为动力蓄电池充电。

2）结构

直流充电系统除了具有与直流充电枪对接的9芯端口外，还在直流充电口上装有温度传感器，用于检测充电过程的温度。

图2-3-33所示为比亚迪e5直流充电口9芯端口及其定义。利用直流充电桩将高压直流电通过电动汽车上的直流充电口为动力蓄电池充电。该设备直流充电口上的CC1端与PE端之间的阻值为1 kΩ，直流充电桩通过它确认是否已插枪。直流充电口上的CC2端与PE端之间的阻值为1 kΩ，电池管理系统（BMS）通过它确认是否已插枪。

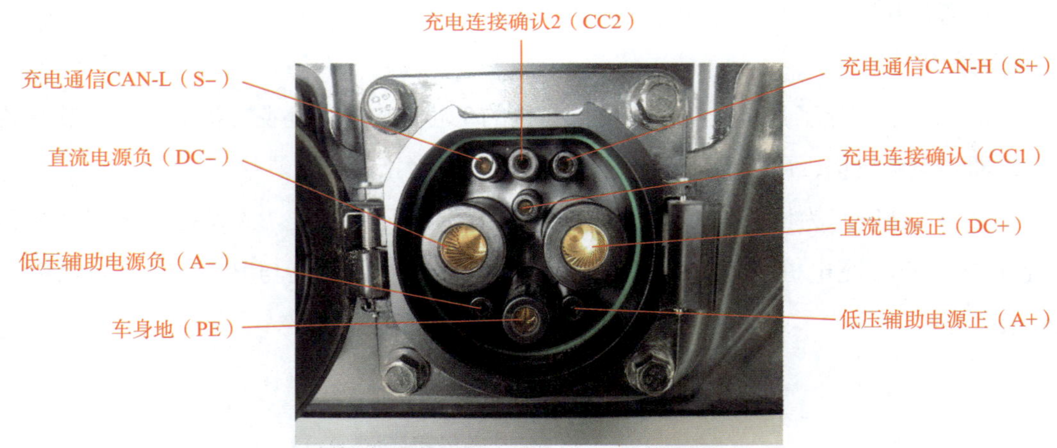

图2-3-33　BYD e5直流充电口9芯端口及其定义

3）直流充电系统的原理

直流充电枪插枪后，直流充电桩检测到充电口上的CC1信号，然后输出12 V的低压辅助电源（A+、A-）；低压辅助电压提供BMS、高压配电箱等获得双路电源：BMS检测到直流充电感应信号（即充电枪上CC2信号）后，控制电池包给“四合一”（高压电控总成）充电预充；BMS与直流充电桩进行CAN交互；直流充电桩输入高压直流电（DC+、DC-），通过“四合一”为动力蓄电池包充电。

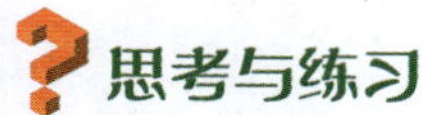

1. 电动汽车电机控制器系统主要由哪几个模块组成？
2. 电动汽车电机控制器系统主要接收哪些输入信号？
3. 电动空调系统由哪几个部分组成？
4. 简述电动汽车 DC/DC 变换器的功能。
5. 电动汽车交流充电与直流充电方式相比有哪些优缺点？
6. 电动汽车充电系统由哪些部分组成？

模块三
电动汽车底盘系统

学习目标

1. 了解汽车底盘的作用。
2. 了解电动汽车转向系的作用、组成及工作原理。
3. 了解电动汽车制动系的作用、组成及工作原理。
4. 了解电动汽车传动系的作用、组成及工作原理。
5. 了解电动汽车行驶系的作用及组成。

想一想

前面已经讲过，纯电动汽车由动力蓄电池提供动力，所以没有发动机，这是与传统汽车最大的区别。汽车底盘作为汽车总成部件的支撑部分，不论是纯电动汽车还是传统汽车，都是不可或缺的。纯电动汽车底盘如图 3-1-1 所示，传统汽车底盘如图 3-1-2 所示。纯电动汽车底盘仍包括转向系、制动系、传动系和行驶系四个系统，每个系统都与传统汽车有不同之处，但是作用基本相同。你知道电动汽车底盘与传统汽车底盘有哪些不同之处吗？

图 3-1-1 纯电动汽车底盘　　图 3-1-2 传统汽车底盘

一、汽车底盘的作用

1. 传统汽车底盘的作用及组成

传统汽车底盘主要由传动系、行驶系、转向系、制动系组成，其作用是支撑和安装发动机、车身等总成与部件，形成汽车的整体，并接受发动机输出的动力，使汽车产生运动且保证汽车正常行驶。

（1）传动系

汽车传动系的作用是将汽车发动机发出的动力按需要传给驱动车轮，使路面对驱动车轮产生一个牵引力，推动汽车行驶。主要由离合器、变速器、万向传动装置、主减速器、差速器等组成。

（2）行驶系

行驶系的作用是接受传动系的动力，通过驱动轮与路面的作用产生牵引力，使汽车正常行驶，并且承受汽车的总重量和地面的反作用力，缓和不平路面对车身造成的冲击，保持行驶的平顺性和汽车操纵稳定性。它主要由车架、车桥、车轮、悬架等部件组成，其作用是将汽车各总成及部件连成一个整体并对全车起支撑作用。

（3）转向系

转向系的作用是保证汽车按驾驶员选择的方向行驶，主要由转向盘、转向器和转向传动机构等组成。

（4）制动系

制动系的作用是按照驾驶员的要求控制汽车实现减速、停车以及可靠停驻，主要由制动传动机构、车轮制动器、驻车制动器等组成。制动系影响着整车的舒适性、安全性与操控性。

2. 电动汽车底盘的作用及组成

电动汽车底盘的结构如图 3-1-3 所示，也是由转向系、制动系、传动系、行驶系四大部分组成。电动汽车底盘的作用是支撑车身总成及零部件，形成车身整体，并具有动力传递、能量回收等作用。

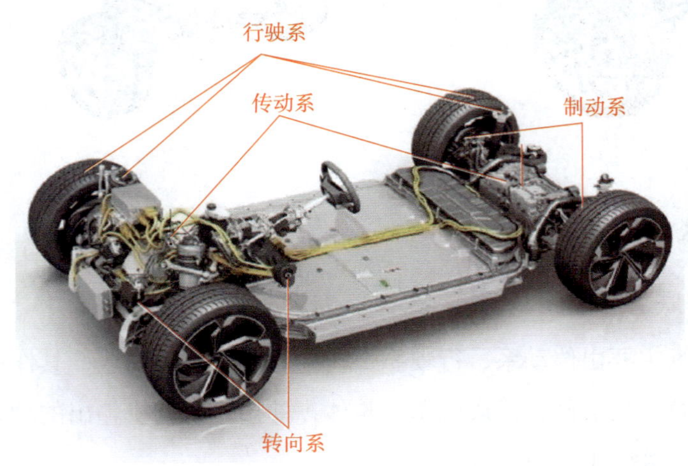

图 3-1-3　电动汽车底盘的结构

电动汽车采用安装在车轮内的电机直接驱动，可实现动力分散控制。与传统的内燃机汽车和单一电机中央驱动的电动汽车相比，四轮驱动方式实现了各车轮的独立分散驱动，各车轮均可实现制动能量回收，还可省去变速器、离合器、传动轴等复杂的机械传动装置，传动效率提高。

电动汽车的底盘系统需要适应于车载能源的多样性，适用于高度集成的系统模块，同时不限制汽车内部空间与外部造型的设计。新能源汽车的底盘设计与传统汽车有很大区别。第一，为了获得好的空气流动性，底盘越来越趋于平面化，车身与底盘分离，所以车身的设计自由度变大。第二，汽车内部空间增大，现在利用整体化设计概念，电气化设计水平越来越高，可以减少一部分汽车零部件，进而减少底盘所用空间，以便把汽车内部空间释放出来。第三，由于系统化设计程度越来越高，部件数量越来越少，制作、维护也大大简化。第四，动力蓄电池包固定在底盘下部，汽车重心、轴心变低，增强了整车的操控性。

二、电动汽车转向系

1. 电动汽车转向系的组成及作用

电动汽车转向系的结构如图 3-1-4 所示，主要由转向助力电机、转向传感器、控制单元、转向器、转向盘和转向柱等组成。

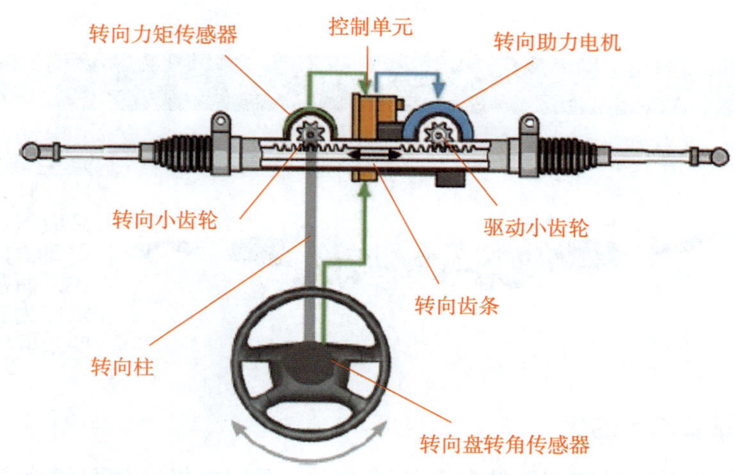

图 3-1-4 电动汽车转向系的结构

电动汽车转向系的作用与传统汽车基本相同，是由驾驶员操纵，能实现转向轮偏转和回位的一套机构，它可以按照驾驶员的意愿改变汽车的行驶方向，并保持汽车稳定的直线行驶。汽车转向时要求操纵轻便，及以较小的转向盘操纵力获得较大的转向力矩；同时也要求转向灵敏，即以较小的转向盘转角获得较大的转向角。

2. 与传统汽车转向系的区别

电动汽车转向系与传统汽车转向系的区别见表 3-1-1。

表 3-1-1 电动汽车转向系与传统汽车转向系的区别

类别	图片	主要区别
传统汽车转向系		传统汽车主要依靠发动机发电对转向助力系统进行驱动，其转向装置利用电机来辅助转向，它是在机械转向系的基础上，采用低压电机，利用电力电子技术对高性能电机的控制，来辅助驾驶员进行转向操作的系统

续表

类别	图片	主要区别
电动汽车转向系（BYD e5 REPS）		电动汽车的驱动能源主要是动力蓄电池，其转向装置不能采取传统的由发动机驱动的液压助力方式，而需要利用电机来作为转向动力，即要采取电动助力转向

3. 电动汽车转向系的优点

电动助力转向系统是在传统转向系的基础上，采用电机驱动取代液压驱动的机构，能在各工况下提供实时的转向助力，使驾驶员操纵转向盘更轻便、省力。电动转向只在车辆转向时才消耗电能，比起传统机械式液压助力转向，能显著地节省油耗，经济性较好，同时结构相对简单，取消了液压系统的高压油泵和液压控制阀，减少了维修工作量。电控转向的助力十分准确，操纵稳定性、响应性和主动安全性更高，适用于车辆在高低速行驶时的转向控制。

电动助力转向系统不仅在电动汽车上得到了普遍应用，而且在传统汽车上也越来越多地采用电动助力转向装置。

4. 电动汽车转向系的分类

电动助力转向系有多种形式，可分为齿条驱动式和转向柱驱动式两大类。下面以比亚迪 e5 车型所采用的齿条驱动式电动助力转向装置 REPS 为例进行说明。

齿条驱动式电动助力转向装置有同轴式和平行轴式两种形式，同轴式 REPS 是指电机空心轴与转向器丝杠轴两者为一根轴，电机转子直接驱动丝杠螺母，并将转矩传递给丝杠螺母，丝杠螺母副将旋转运动转变为齿条的直线运动。

平行轴式 REPS 是指转向器助力电机转子与转向器丝杠轴两者不同轴，而是采用平行轴结构，利用传动带连接电机转轴和丝杠螺母，滚珠丝杠上的循环滚珠作为减速机构。平行轴式 REPS 主要由壳体、驱动电机、滚珠丝杠、输入齿轮轴总成、扭矩传感器、ECU 和轴承等组成。现代欧美电动车型中多采用平行轴式电动助力转向装置，比亚迪一秦混合动力电动汽车也采用了这种电动转向结构。

5. 电动助力转向系的结构及工作原理

（1）电动助力转向系的结构

在汽车的发展历程中，转向系经历了 4 个发展阶段：机械式转向系（MS）、液压助力转向系（HPS）、电控液压助力转向系（EHPS）和电动助力转向系（EPS）。

比亚迪 E5 采用 REPS 转向助力器（见图 3-1-5），是利用直流电动机作为动力源，电子控制单元根据转向参数和车速信号，控制电动机扭矩的大小和方向，电动机的扭矩在电磁离合器的作用下通过减速机构增加扭矩后，加在汽车的转向机构上，使之得到一个与工况相适应的转向作用，从而辅助驾驶员进行转向操作。

图 3-1-5　比亚迪 e5 REPS 转向器

电动助力转向系由转角扭矩传感器、车速传感器、EPS 电子控制单元、EPS 电机等组成，如图 3-1-6 所示。转向助力元件的位置如图 3-1-7 所示。

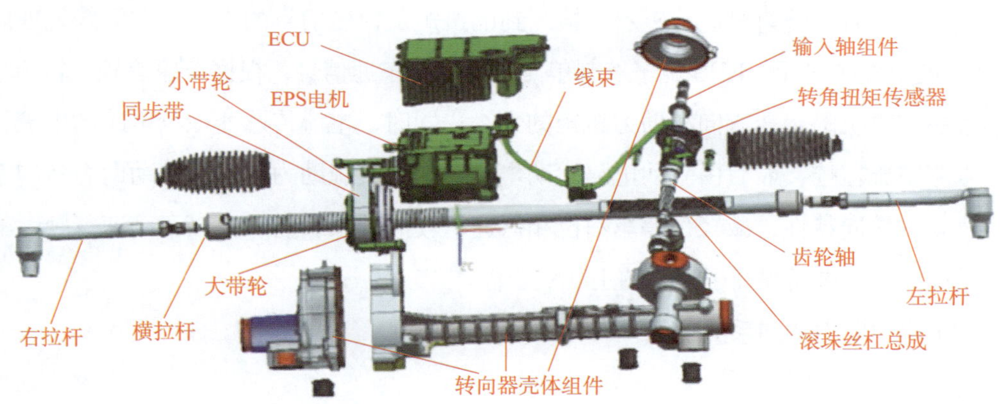

图 3-1-6　电动助力转向系的组成

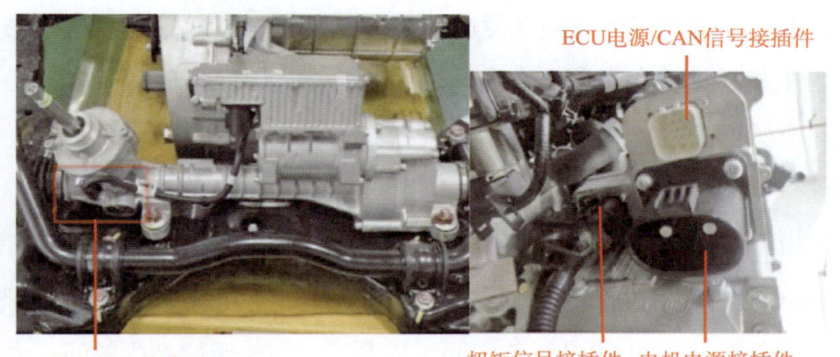

图 3-1-7　转向助力元件的位置

（2）电动助力转向系的工作原理

电动助力转向系统的 EPS 电机多为永磁式三相交流电机，工作电压一般与动力蓄电池的电压相同，但也需要通过变频器的转换，将动力蓄电池的直流电压先经变频器逆变为三相交流电后，再供给 EPS 电机旋转，使转向系统得以助力。

电动助力转向系的工作原理如图 3-1-8 所示。

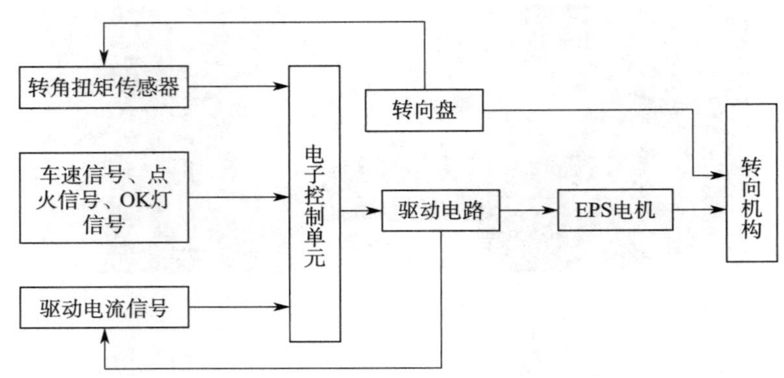

图 3-1-8　电动助力转向系的工作原理

汽车转向时，转角扭矩传感器把检测到的扭矩及角度信号的大小、方向经处理后传给 EPS 电子控制单元，EPS 电子控制单元同时接收车速信号，根据车速信号、转角和扭矩信号决定电机的旋转方向和助力扭矩的大小。同时，电流传感器检测电路的电流，对驱动电路实施监控，最后由驱动电路驱动电机工作，实施助力转向。电动助力转向系改善了汽车的转向特性，减轻了停车泊位和低速行驶时的操纵力，提高了高速行驶时的转向操纵稳定性，进而提高了汽车的主动安全性。

（3）电动助力转向系的功能

1）助力控制功能

EPS 的助力特性属于车速感应型，即在同一转向盘力矩输入下，电机的目标电流随车速的变化而变化，能较好地兼顾轻便性与路感的要求。EPS 的助力特性采用分段型助力特性。EPS 电机根据转向盘偏离方向施加助力转矩，以保证低速时转向轻便，高速时操作稳定，并获得较好的路感。

2）回正控制功能

转向时，由于转向轮主销后倾角和主销内倾角的存在，使转向轮具有自动回正的作用。EPS 系统在机械转向机构的基础上，增加了 EPS 电机和减速机构。EPS 系统通过 EPS 电子控制单元对 EPS 电机进行转向回正控制，与前轮定位产生的回正力矩一起进行车辆的转向回正动作，使转向盘迅速回正，抑制转向盘振荡，保持路感，可提高转向灵敏性和稳定性，优化转向回正特性，缩短了收敛时间。回正控制通过调整回正补偿电流，进而产生回正作用转矩，该转矩沿某一方向使转向轮返回到中间位置。

3）阻尼控制功能

车辆高速行驶时，可通过控制阻尼补偿电流进行阻尼控制，增强驾驶员路感，改善车辆高速行驶情况下的转向稳定性。

三、电动汽车制动系

1. 电动汽车制动系的作用

电动汽车的制动装置与传统汽车一样，是为汽车减速或停车而设置的，通常由制动器及其操纵装置组成。电动汽车制动装置将惯性能量通过传动系传递给驱动电机，驱动电机以发电方式工作，为动力蓄电池充电，实现制动能量的再生利用。与此同时，产生的电机制动力矩又可以通过制动系对驱动轮施加制动，产生制动力。

2. 与传统汽车制动系的区别

电动汽车制动系与传统汽车制动系的区别见表 3-1-2。

表 3-1-2　电动汽车制动系与传统汽车制动系的区别

类别	区别一	区别二
传统汽车制动系	传统汽车上的真空源来自汽油发动机的进气歧管，真空度一般可达到 0.05 ~ 0.07 MPa，发动机转速对真空度的影响较大。当发动机处于怠速工作状态或突然熄火时，进气歧管的真空度较低，影响真空助力器的正常使用，危及行车安全	传统汽车在制动时是将汽车的惯性能量通过制动器的摩擦转化为热能散发到周围环境中
电动汽车制动系（BYD e5）	BYD e5 安装有一个独立的真空源，可以解决由于发动机停机等原因无法提供真空源的问题。并且，电动汽车制动系在传统真空助力系统基础上增加了电动真空泵，只需要 12 V 车载蓄电池电源就可以独立工作，产生足够的真空度，为真空助力器提供可靠的真空源，实现助力制动的目的	对于电动汽车而言，由于电机具有可逆性，即电机在特定的条件下可以转变成发电机运行，因此可以在制动时采用回馈制动的办法，使电机运动在发电状态，通过电力装置将制动产生的回馈电流充入储能装置中，这样就可以回收一部分惯性能量，提高电动汽车的续航里程

3. 电动汽车制动系的组成

电动汽车制动系主要由制动器、电动真空泵、真空助力器、真空罐及压力传感器、ECU 控制器、制动器等组成，如图 3-1-9 所示。

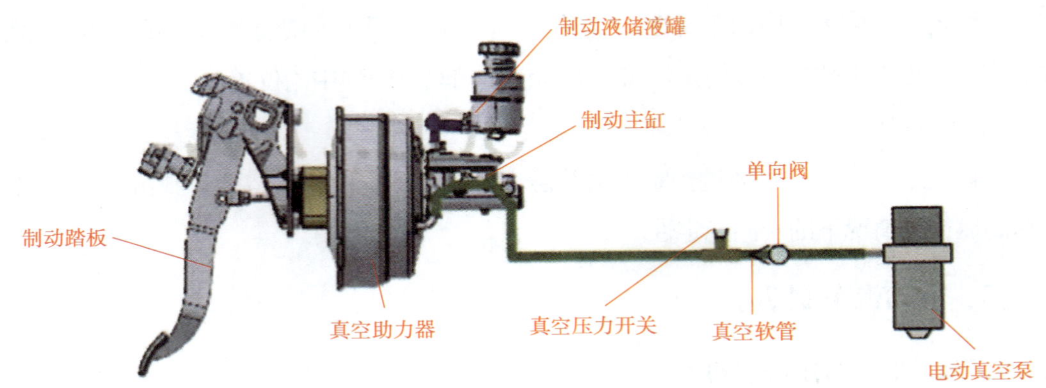

图 3-1-9　电动汽车制动系的组成

电动汽车制动系由主控制器进行控制，对真空度压力传感器进行检测，实现对电动真空泵的控制，并在真空压力传感器故障时确保提供足够的制动力，保证行车安全。

（1）电动真空泵

传统汽车上的真空源来自发动机的进气歧管，发动机转速对真空度的影响较大。当发动机处于怠速工作状态或发动机突然熄火时，进气歧管的真空度较低，影响真空助力器的正常使用，同时危及行车安全。因此，对于柴油机汽车、混合动力电动汽车、纯电动汽车来说，安装一个独立的真空源非常必要。电动真空泵作为一个独立的部分存在于整车中，只需要 12 V 车载蓄电池电源就可以独立工作，为真空助力器提供可靠的真空源。图 3-1-10 所示为 BYD e5 汽车上的电动真空泵，其安装位置如图 3-1-11 所示。

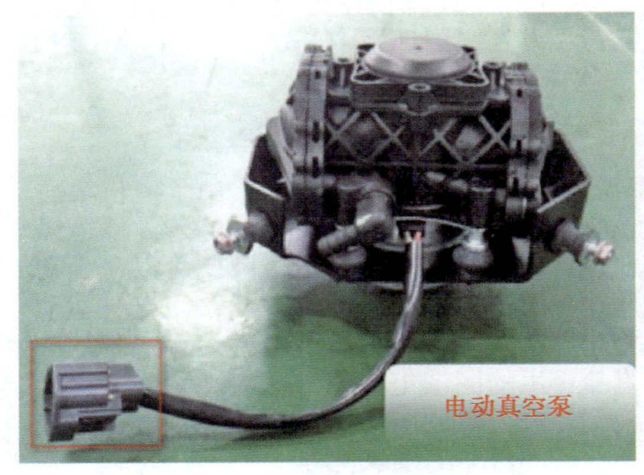

图 3-1-10　BYD e5 汽车上的电动真空泵

图 3-1-11　电动真空泵的安装位置

真空泵启停条件：车速 <60 km/h 时，真空度低于 60 kPa 时启动，达到 75 kPa 时关闭；车速≥60 km/h 时，真空度低于 70 kPa 时启动，达到 75 kPa 时关闭。

电动真空泵可分为膜片式、叶片式和摇摆活塞式三种。

1）膜片式电动真空泵

膜片式电动真空泵如图 3-1-12 所示。膜片式电动真空泵包含两个 180° 对置的工作腔，膜片由一个曲柄机构驱动，曲柄机构包括一个偏心机构，上面装有两个偏心轴承，推动作用在膜片上的连杆，使膜片受到推力和拉力的作用引起变形，膜片的变形使工作腔容积变化，产生进气和排气的效果。由于膜片与腔体之间无相对运动，摩擦较小，温升速度低，可以使真空泵有较长的使用寿命，且噪声较小。

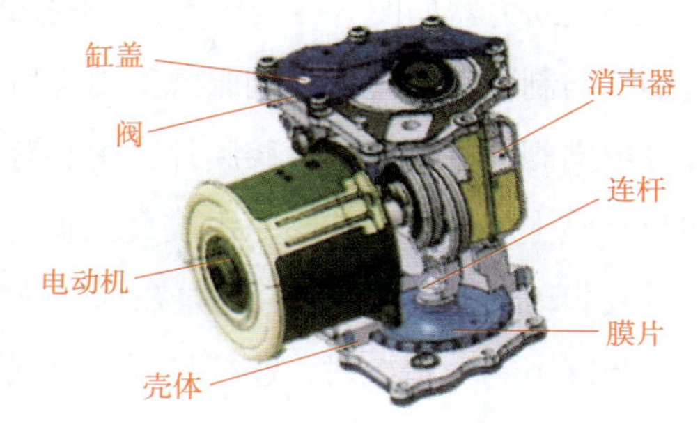

图 3-1-12　膜片式电动真空泵

2）叶片式电动真空泵

叶片式电动真空泵如图 3-1-13 所示，由偏心地装在定子腔内的转子、转子槽内的叶片和外壳定子组成。叶片放置在真空泵工作腔中转子的偏心槽内。转子带动叶片旋转时，叶片借离心力（有时还有弹簧力）紧贴定子内壁，把进、排气口分割开来，并使进气腔容积周期性扩大而吸气，排气腔容积则周期性缩小而压缩气体，借气体的压力推开排气阀排气，获得真空。在转子转动过程中，叶片与缸体之间贴紧并相对转动，所以叶片泵温升很快，易磨损，易产生较大的噪声。叶片式电动真空泵对叶片的材料、耐温性、耐磨性等要求极高。

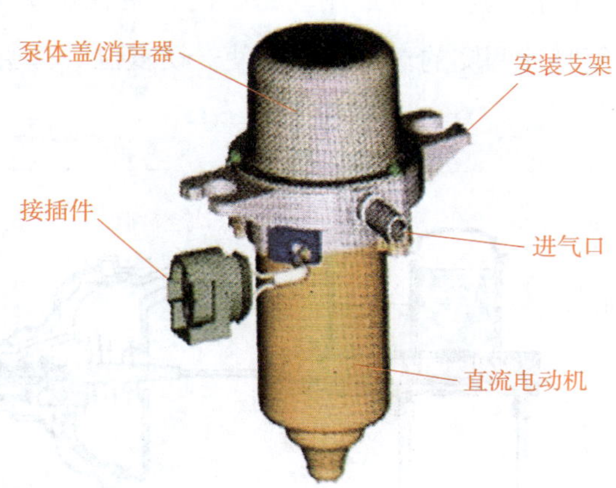

图 3-1-13　叶片式电动真空泵

3）摇摆活塞式电动真空泵

摇摆活塞式真空泵包含两个 180° 对置的工作腔，如图 3-1-14 所示。电动机主轴连接一个偏心机构，偏心机构驱动连杆及活塞做往复运动，在往复运动过程中，活塞会发生偏转摇摆。活塞的往复运动引起工作腔容积的变化，产生进气和排气的效果。摇摆活塞式电动真空泵活塞和缸体之间有相对滑动，工作时真空泵温度会升高，活塞上活塞环与缸体之间的过盈量可以通过设计进行调整，其温升比叶片式电动真空泵低，磨损

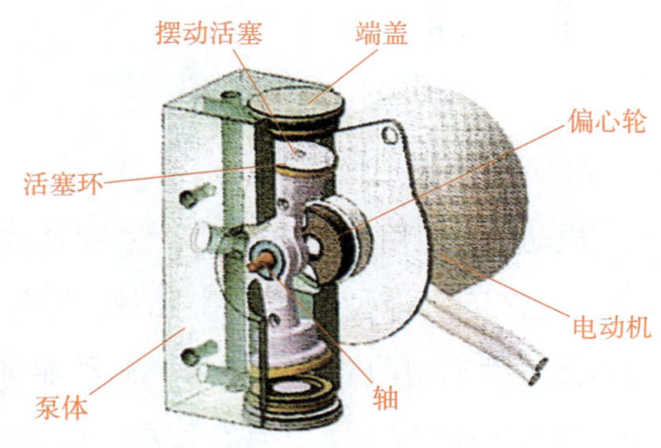

图 3-1-14　摇摆活塞式电动真空泵

较慢，噪声也相对较低。由于摇摆活塞式电动真空泵采用双腔对置结构，当一腔失效时，仍可有一定的抽取真空能力。

（2）真空助力器

真空助力器如图 3-1-15 所示，真空助力器与制动主缸通过螺栓固定在车身前围上，借推杆与制动踏板连接，伺服气室由前后壳体组成，其间夹装有膜片和膜片座。它的前腔经单向阀通真空罐，后腔膜片座中装有控制阀，空气阀与推杆固定连接，橡胶阀门与在膜片座上加工出来的阀座组成真空阀。制动踏板推动一个连杆，该连杆穿过真空助力器进入制动主缸主活塞。真空泵在真空助力器内膜片的两侧形成部分真空。

当踩下制动踏板时，连杆打开一个气门，使空气进入真空助力器中膜片的一侧，同时密封另一侧真空。这就增大了膜片一侧的压力，从而有助于推动连杆，继而推动主缸中的活塞。当释放制动踏板时，空气阀将隔绝外部空气，同时重新打开真空阀。这将恢复膜片两侧的真空，从而使一切复位。真空助力器总成如图 3-1-16 所示。

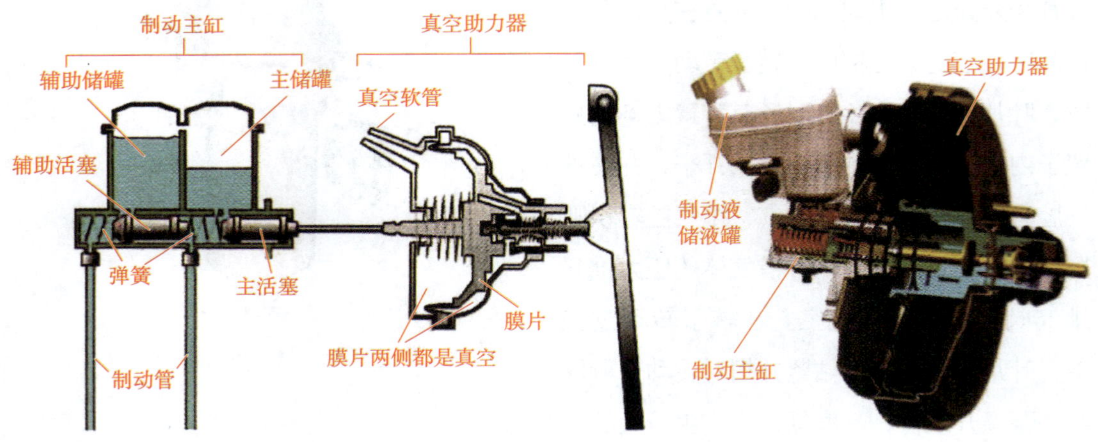

图 3-1-15　真空助力器　　图 3-1-16　真空助力器总成

（3）制动器

电动汽车所用的制动器，一般为前后轮均采用盘式制动器，也有部分车型前轮采用盘式制动器，后轮采用鼓式制动器。盘式制动器效率比鼓式制动器高，但价格比较贵，如图 3-1-17 所示。现在使用的盘式制动器，主要为浮动钳盘式制动器，制动钳体是浮动的。制动油缸均为单侧的，且与油缸同侧的制动块总成是活动的，而另一侧的制动块总成则固定在钳体上。制动时在油液压力作用下，活塞推动活动制动块总成压靠到制动盘上，而反作用力则

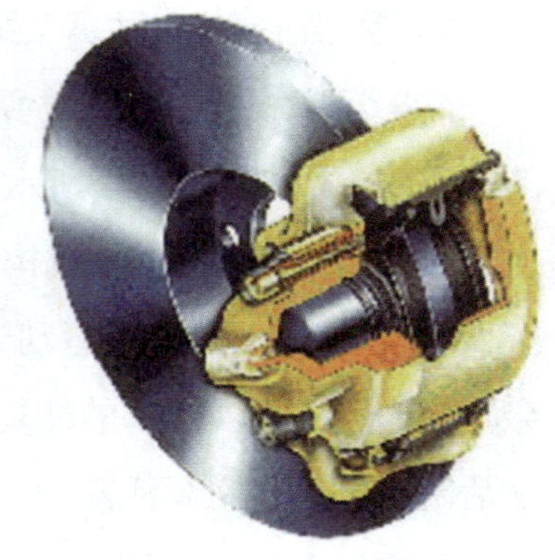

图 3-1-17　盘式制动器

推动制动钳体连同固定制动块总成压向制动盘的另一侧，直到两制动块总成受力均等为止。

鼓式制动器（见图 3–1–18）因价格便宜，使用较多，兼有驻车制动的功能。内张型鼓式制动器是利用制动鼓的圆柱内表面与制动蹄摩擦片的外表面作为一对摩擦表面，在制动鼓上产生摩擦力矩。

制动轮缸
制动蹄
制动鼓
回位弹簧

图 3–1–18 鼓式制动器

4. 电动汽车制动系的优点

汽车在行驶过程中，频繁制动所消耗的能量通常占到汽车总能量的 20%～30%，如果能把这部分能量重新反馈给汽车电池，将大大提升电动汽车的续航里程。再生制动系统能够提高能量利用效率，有效地降低车辆的排放，并提高燃油经济性。

再生制动是电动汽车所独有的，在减速制动（制动或者下坡）时将车辆的部分动能转化为电能，将转化的电能储存在动力蓄电池中，从而可实现节约制动能量，回收部分制动动能，最终增加电动汽车的续航里程。如果储能器已经被完全充满，再生制动就不能实现，所需的制动力只能由常规的液压制动系统来提供。

5. 电动汽车制动系的工作原理

电动汽车制动系的工作原理如图 3–1–19 所示，真空助力器安装在制动踏板与制动主缸之间，由踏板通过推杆直接操纵。真空助力器与制动踏板产生的力叠加后作用在制动主缸推杆上，以提高制动主缸的输出压力。真空助力器的真空气室由带有橡胶膜

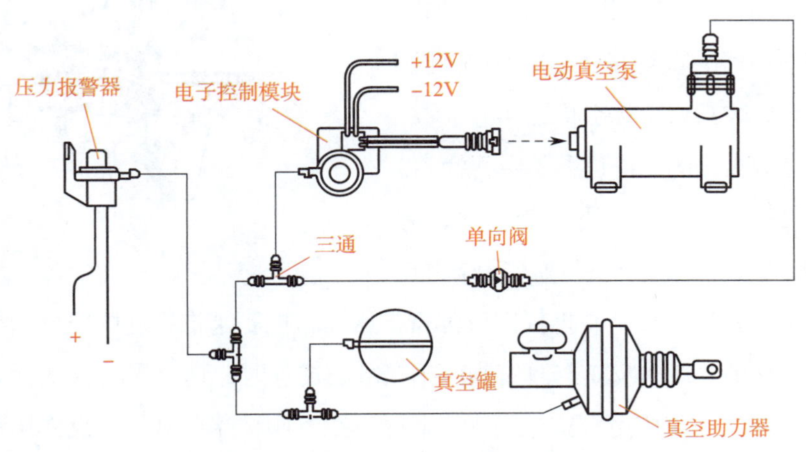

图 3–1–19 电动汽车制动系的工作原理

片的活塞分为常压室与变压室（大气阀打开时可与大气相通），一般常压室的真空度为60～80 kPa（即真空泵可以提供的真空度大小）。真空助力器所能提供的助力大小取决于常压室与变压室气压差的大小。真空泵所产生的真空度及速度关系到真空助力器的工作状态，真空泵的容量关系到真空助力器的性能，进而影响制动系在各种工况下能否正常工作。

当驾驶员启动汽车时，12 V 电源接通，压力延时开关和压力报警器开始压力自检。如果真空罐内的真空度小于 55 kPa，则压力膜片将会挤压触点，从而接通电源，真空泵开始工作；当真空度增加到 55 kPa 时，压力延时开关断开，然后通过延时继电器使真空泵继续工作，大约 30 s 后停止。每次驾驶员有制动动作时，压力延时开关都会自检，从而判断电动真空泵是否应该工作。如果真空罐内的真空度小于 34 kPa，则真空助力器不能提供有效的真空助力，此时压力报警器将会发出信号，提醒驾驶员注意行车速度。

（1）真空助力器的非工作状态

如图 3-1-20 所示，在非工作状态下，控制阀推杆回位弹簧将控制阀推杆推到右边的锁片锁定位置，真空阀门 A 处于开启状态，控制阀弹簧使控制阀皮碗与空气阀座紧密接触，从而关闭空气阀门 B。此时，真空助力器的真空气室和应用气室分别通过活塞体的真空气室通道与应用气室（右气室）通道经控制阀腔处相通，并与外界大气隔绝。

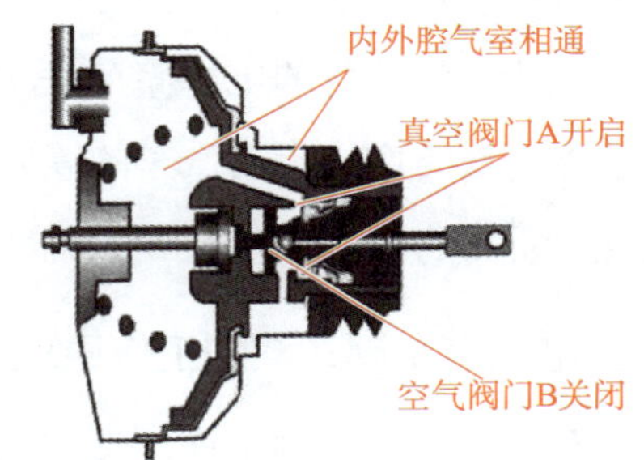

图 3-1-20　非工作状态

若真空泵正在工作，由真空泵产生的真空会将真空助力器的真空阀（通常为单向阀）吸开，此时前后腔都处于真空状态。

（2）真空助力器的工作过程（中间状态）

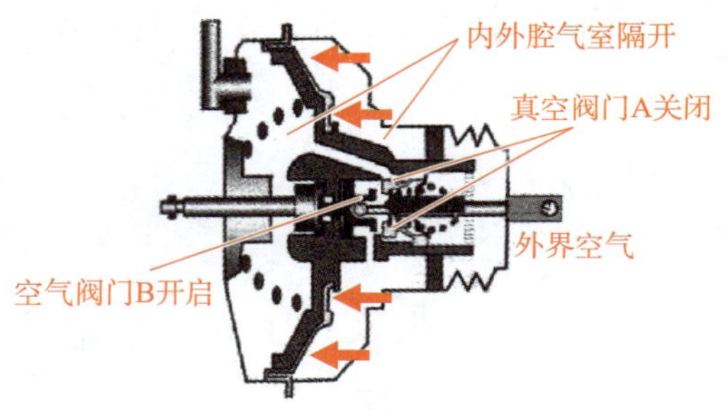

图 3-1-21　中间状态

如图 3-1-21 所示，当进行制动时，制动踏板被踏下，踏板力经杠杆放大后作用在控制阀推杆上。首先，控制阀推杆回位弹簧被压缩，控制阀推杆连同空气阀柱前移。当控制阀推杆前移到控制阀皮碗与真空阀座相接触的位置时，真空阀门 A 关闭。此时，真空助力器的真空气室与应用气室被隔开。此时，空气阀柱端部刚好与反作用盘的表面相接触。随着控制阀推杆的继续前移，空气阀门 B 开启。外界空气经过滤器后通过打开的

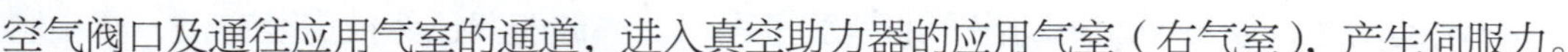

空气阀口及通往应用气室的通道，进入真空助力器的应用气室（右气室），产生伺服力。

此时，装配在推杆组件里的反馈板同时受到止动底座和活塞外壳的推力作用，再通过推杆组件施加在主缸第一活塞上，主缸内产生的油压一方面传递给制动轮缸，另一方面又作为反作用力经由真空助力器传递回制动踏板，使驾驶员产生踏板感。

（3）真空助力器的工作过程（平衡状态）

如图 3-1-22 所示，如果制动踏板力保持不变，在经由反馈板传递的主缸向后的反作用力和“膜片 + 膜板 + 活塞外壳 + 阀碗 + 支撑弹簧 + 阀圈”向前运动趋势的共同作用下，空气阀门 B 关闭，达到平衡状态。此时，任何踏板力的增长都将破坏这种平衡，使空气阀门 B 重新开启，大气的进入将进一步导致后腔原有真空度的降低，加大前后腔压力差。因此，真空助力器的工作过程是一个动平衡的过程。

（4）真空助力器的工作过程（松开制动状态）

如图 3-1-23 所示，松开制动踏板，在阀圈弹簧的作用下，操纵杆带动止动底座向后运动，首先关闭空气阀门 B，继续运动将开启真空阀门 A，真空助力器前后腔连通，真空重新建立。与此同时，在回位弹簧的作用下，“膜片 + 膜板 + 活塞外壳”组件回到初始位置。

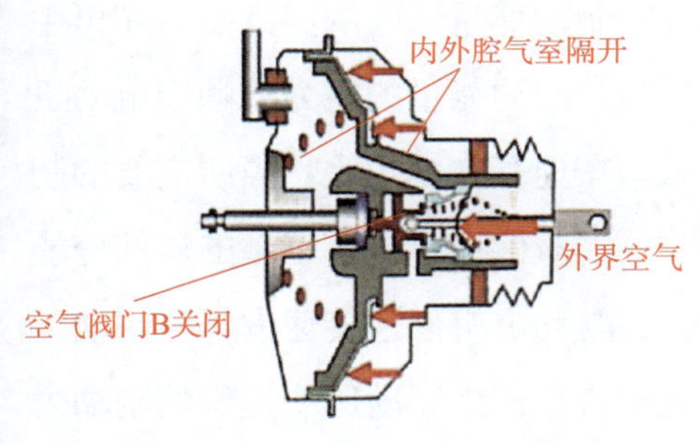

图 3-1-22　平衡状态

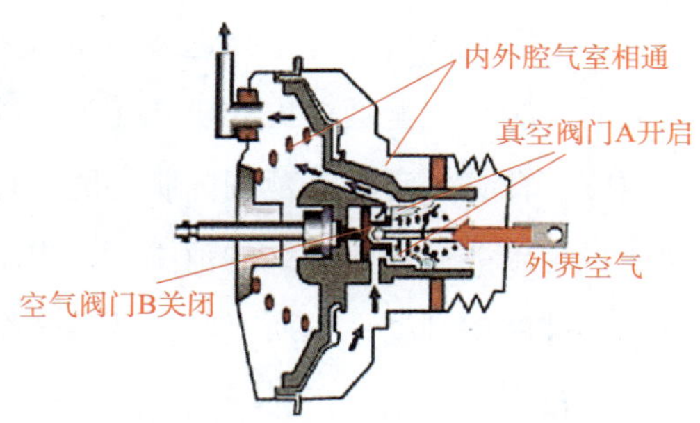

图 3-1-23　松开制动状态

6. 电动汽车再生制动系统

传统汽车的制动是通过摩擦将车辆的动能转化成热能，从而达到降低车速的目的，这样能量就被浪费掉了；而电动汽车可以在制动过程中将驱动电机作为发电机，依靠车轮的反向拖动产生电能和车轮制动力矩，从而在减缓车速的同时将部分动能转化为电能以备再利用，即再生制动系统。因此，再生制动系统能够提高能量利用效率，有效降低车辆的排放，并提高燃油经济性和车辆的续航里程。

图 3-1-24 所示为再生制动系统能量回收原理。减速制动（制动或者下坡）时将车辆的部分动能转化为电能，转化的电能储存在蓄电池中，从而可实现节约制动能量，回

收部分制动动能，最终增加电动汽车的续航里程。如果储能器已经被完全充满，再生制动就不能实现，所需的制动力就只能由常规的液压制动系统来提供。

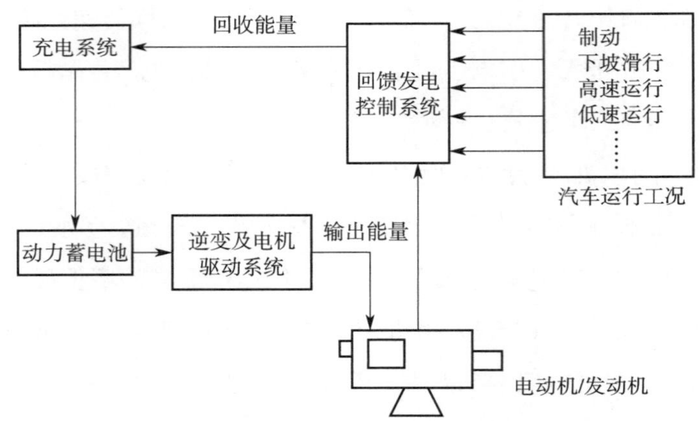

图 3-1-24　再生制动系统能量回收原理

在制动过程中，除去空气阻力和行驶阻力消耗掉的能量，一般希望能最大限度地回收所有能量。然而，并不是所有制动能量都可以回收。在电动汽车上，只有驱动轮的制动能量可以沿着与之相连接的驱动轴传送到能量存储系统，其中一部分的制动能量将由车轮上的摩擦制动以热的形式消耗掉。同时，在制动能量回收过程中，能量传递环节和能量存储系统的各部件也会造成能量损失。另一个影响制动能量回收的因素是，在再生制动时，制动能量通过电动机转化为电能，而电动机吸收制动能量的能力依赖于电动机的速度，在其额定转速范围内制动时，可再生的能量与车速基本成正比。当所需要的制动能量超出能量回收系统的范围时，电动机可以吸收的能量保持不变，超出的这部分能量就要被摩擦制动系统所吸收。从另一个角度来看，在驱动电机额定转速内再生制动可以提供较大的制动转矩，而当转速进一步上升，则电动汽车再生制动所能提供的制动力受电动机弱磁恒功率工作区特点限制而减小。

电动汽车的再生制动力矩通常不能像传统燃油汽车中的制动系统一样提供足够的制动减速，所以，在电动汽车中，再生制动和液压制动系统通常共同存在。注意，只有当再生制动已经达到了最大制动能力而还不能满足制动要求时，液压制动才起作用。

四、电动汽车传动系

1. 电动汽车传动系的组成与作用

电动汽车传动系（见图 3-1-25）与传统汽车传动系相比取消了离合器，一般由变速器、万向传动装置、主减速器、差速器和半轴等组成。

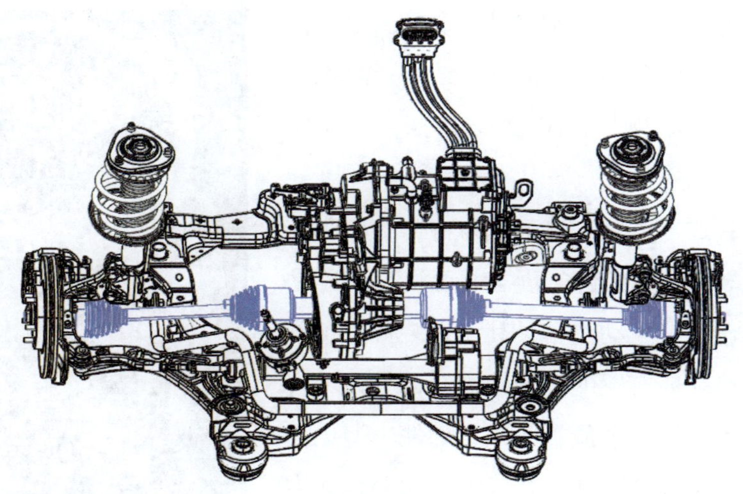

图 3-1-25 电动汽车传动系

传动系的作用是将动力总成（见图 3-1-26）发出的动力传给汽车的驱动车轮，产生驱动力，使汽车能以一定的速度行驶。

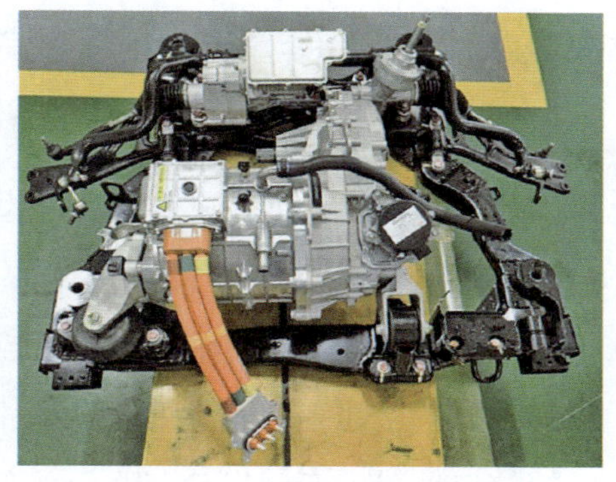

图 3-1-26 BYD e5 的动力总成

2. 与传统汽车传动系的区别

电动汽车传动装置的作用是将电动机的驱动转矩传给汽车的驱动轴，当采用电动机驱动时，传动装置的多数部件常常可以忽略。因为电动机可以带负载启动，所以电动汽车上不需要传统内燃机汽车的离合器；因为驱动电机的旋向可以通过电路控制实现变换，所以电动汽车无需内燃机汽车变速器中的倒挡。当采用电动机无级调速控制时，可以忽略传统汽车的变速器；当采用轮边电动驱动时，还可以省略传统汽车的差速器。

3. 电动汽车传动系的特点

变速传动系统是电动汽车驱动子系统的一个重要部件，指的是驱动电机转轴和车轮之间的机械连接部分。对于传统汽车来说，变速器是必要的部件，设计时主要考虑采用什么类型的变速器。但对电动汽车则不同，由于驱动电机的转矩和转速完全可以由电子控制器进行全范围的控制，所以变速系统的设计可以有多种不同的选择。既可以用传统的变速齿轮箱变速，又可以用电子驱动器控制电动机直接变速。究竟采用哪种方案，主要还应依据电动汽车的能量和经济性，也涉及电机和控制器的设计。

为了提高电动汽车的传动效率，人们开发了电动汽车专用的电机和变速传动一体化的自动传动桥。先进的两速电机 / 多速传动桥将变速齿轮组与高速异步电动机完全结合为一体，并且直接安装在电动汽车驱动轮的驱动轴上，构成重量轻、体积小、效率高、结构紧凑和成本低廉的传动系统。例如，BYD e5 单挡变速器如图 3-1-27 所示。

图 3-1-27 BYD e5 单挡变速器

无论是串联式（燃料电池可视为特殊的串联结构）、并联式、混联式的混合动力电动汽车，还是由电池提供能量的纯电动汽车，其动力装置的布置往往在原发动机前舱布置的基础上进行，并力求将相应的电气装置布置在前舱，所以对部件小型化提出了更高的要求。此外，并联式或混联式混合动力电动汽车由于采用两个以上的动力装置，在布置上要求更为严格。丰田普锐斯的混联结构堪称小型化、集成化的典范。

4. 电动汽车传动系的工作原理

与传统的自动变速器相比，电动汽车的自动变速传动桥同样有盘形和带形离合器、星型齿轮、差速器、执行离合动作的液压系统、润滑油以及冷却系统。自动变速传动桥可以用微处理器实现转轴的全电子控制。一个由停车、倒车、空挡、行驶以及从一挡构成的五挡选择器为驾驶员提供了各种情况下驾驶的不同选择。控制器将根据驾驶员所挂的挡位自动决定变速齿轮在哪一级变速挡上，并将适当的信号送到液压控制系统执行变速控制。由于交流异步电动机的转动惯性低并有理想的转矩特性，使控制变速桥进行平滑的自动变速变得更容易。

五、电动汽车行驶系

1. 电动汽车行驶系的组成

电动汽车行驶系一般由车架、车桥、车轮和悬架等组成，与传统汽车行驶系基本相同。车轮支承着车桥，车桥又通过弹性悬架与车架相连接。车架是整个汽车的基体，它将汽车的各相关总成连接成一个整体，构成汽车的装配基础。

图 3-1-28 所示为 BYD e5 前后悬架的组成，前悬架主要由前转向节、前减振器支柱总成、前副车架主体总成、稳定杆总成等组成；后悬架主要由后减振器总成、后副车架总成、后转向节等组成。

BYD e5 的行驶系主要由麦弗逊独立悬架与后三连杆独立悬架组成，如图 3-1-29 所示。在车身底部安装有动力蓄电池包。

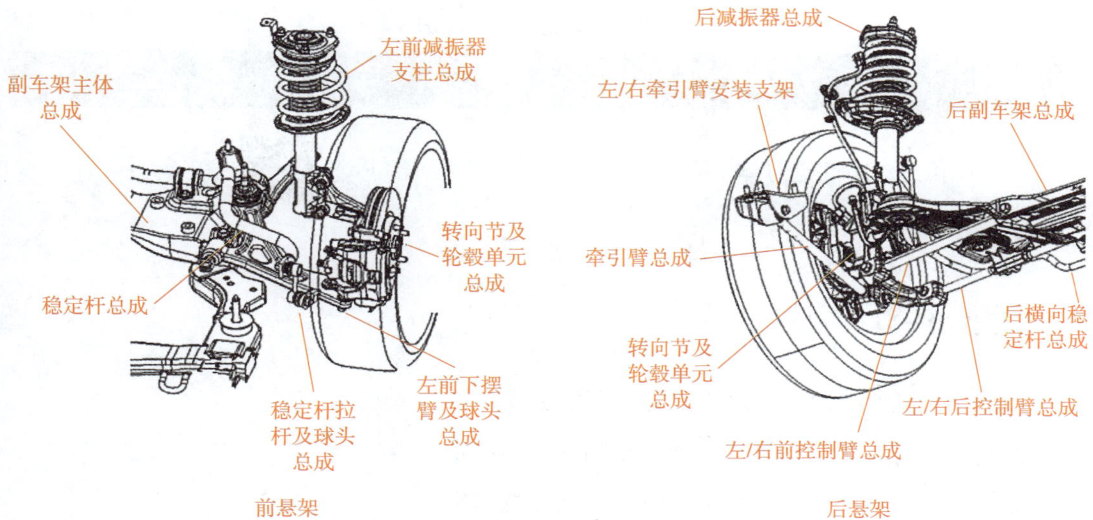

图 3-1-28　BYD e5 前后悬架的组成

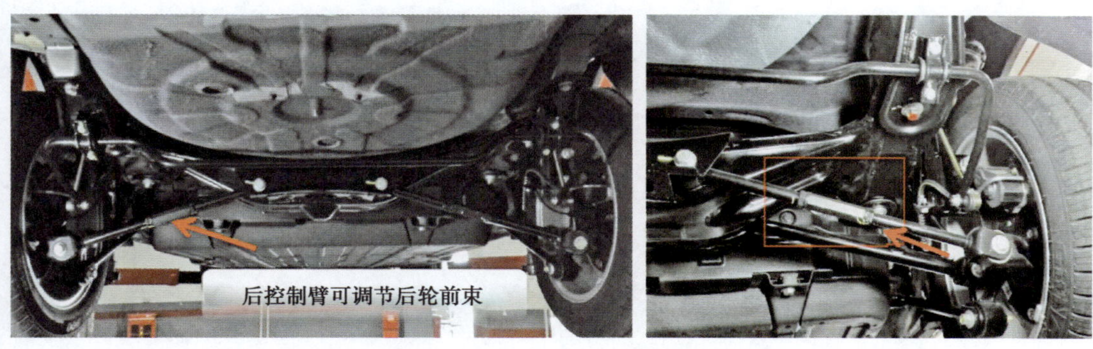

图 3-1-29　BYD e5 行驶系的前后独立悬架

2. 电动汽车行驶系的作用

电动汽车作为一种地面交通运输工具，行驶系的主要作用如下：

（1）承受汽车的总重量。

（2）接受传动系传来的动力，通过驱动轮与地面之间的附着作用，产生驱动力，从而克服外界阻力，保证汽车正常行驶。

（3）传递并承受路面作用于车轮上的各种反力及所形成的力矩。

（4）缓和不平路面对车身造成的冲击和振动，保证汽车平顺行驶。

知识链接

在了解了电动汽车底盘的作用、组成及各组成系统的结构、特点之后，通过表 3-1-3 来了解一下传统汽车底盘的相关知识。

表 3-1-3　　传统汽车底盘总体认识

知识点	二维码
传统汽车底盘总体认识	

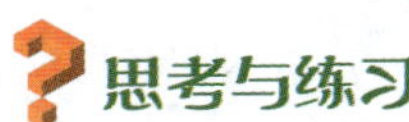

思考与练习

1. REPS 电动助力转向系统由哪些部件组成？
2. 简述电动汽车制动系与传统汽车制动系的区别。
3. 简述电动汽车传动系与传统汽车传动系的区别。

模块四 汽车新技术

课题一 | 燃料电池技术

学习目标

1. 了解燃料电池电动汽车的定义及分类。
2. 了解燃料电池电动汽车企业。
3. 了解燃料电池技术及发电原理。
4. 了解燃料电池电动汽车的结构和类型。

想一想

能源是现代社会赖以生存和发展的基础，国民经济的可持续发展依赖能源的可持续供给，这也是国家战略安全保障的基础之一。随着人类对能源消费的剧增、化石燃料的匮乏、传统能源（石油、煤炭、天然气）价格不断上涨，引发了全球性通货膨胀及经济衰退；而且化石燃料燃烧排放的大量温室气体，如 CO_2、SO_2 和 NO_x 等造成的气候变化使极端气候在世界各地频频上演，从而使人们的眼光转移到新能源的大规模应用上来，太阳能、风能、生物能源、氢能、可燃冰、核聚变能源和潮汐能等备受关注。

在汽车产业中，新能源利用最多的就是电能和氢能，前面已经学习了动力蓄电池的种类和应用。氢能在汽车上的主要应用方式有两类，一是把氢气当燃料直接送入气缸进行燃烧；二是利用燃料电池，让氢气和氧气在催化剂的介入下发生化学反应，产生电和水。

你知道现代利用氢的主流燃料电池是如何分类的吗？有哪些企业在重点发展燃料电池技术？燃料电池是如何工作的呢？带着这些疑问，我们来学习下面的知识。

一、燃料电池电动汽车的定义及分类

燃料电池电动汽车（FCEV）可分为燃料电池混合动力电动汽车和纯燃料电池电动汽车两类。其中，燃料电池混合动力电动汽车是以燃料电池系统与可充电储能系统作为混合动力源的电动汽车，纯燃料电池电动汽车是以燃料电池系统作为单一动力源的电动汽车。

二、燃料电池电动汽车企业

从日韩、北美、欧洲等发达国家和地区的燃料电池电动汽车发展现状来看，丰田、通用等全球主要汽车公司大都已经完成了燃料电池电动汽车的基本性能研发，解决了若干关键技术问题，其整车性能、可靠性、使用寿命和环境适应性等方面均已达到与传统燃料汽车相媲美的水平，但是因为成本居高不下，基本走租售路线。

燃料电池技术专利申请量中排名前 10 位的企业中，日本企业占了 7 席，其中整车厂包括丰田公司、本田公司、日产公司，美国仅通用公司占了 1 席。

1. 丰田汽车公司

（1）丰田汽车公司简介

丰田汽车公司是全世界排名第一的汽车生产公司，是第一个达到年产量千万辆以上的汽车厂，1996 年成功研发出丰田公司的第一辆质子交换膜燃料电池汽车。截至 2017 年，丰田汽车已在 21 个国家和地区、2 个国际知识产权组织申请了 15 867 件与燃料电池相关的专利。在燃料电池专利申请人全球排名中，日本丰田汽车以 10 737 个专利位居首位，其专利数量占全球专利总量的 22.3%。如果再加上与丰田渊源深厚的爱信精机和电装，丰田体系的公司将 48.6% 的技术垄断在自己的手中。

丰田汽车公司的燃料电池堆栈技术经历了十几年的优化，形成了自己的特色结构，比如 3D 立体微流道技术，通过更好地排出副产物水，让更多的空气流入，有效改善了发电效率。所以整个堆栈的发电效率达到了世界先进水平，2017 年就达到了 3.1 kW/L，比 2008 年丰田的技术整整提升了 2.2 倍。

（2）燃料电池电动汽车发展现状

2013 年 11 月，丰田公司在“第 43 届东京车展”上，展出了计划于 2015 年投放市场的燃料电池概念车，作为技术核心的燃料电池组目前实现了当时公开的全球最高的 3 kW/L 的功率密度。该燃料电池组去掉了加湿模块，不但降低了成本、汽车质量和体积，还减少了燃料电池的热容量，有利于燃料电池在低温条件下迅速冷启动。

2014 年 12 月，丰田燃料电池 4 座商用车 Mirai（见图 4-1-1）在日本正式上市。“Mirai”（日文“未来”之意）是丰田首款量产的氢燃料电池车。如其名，Mirai 被丰田汽车视为“未来之车”。

图 4-1-1　丰田 Mirai（燃料电池电动汽车）

Mirai 在行驶过程中不加油、不充电、不排放尾气，唯一排放的废物是纯净水。高压氢的添加过程与传统汽车添注燃油类似，但对于安全性和加注设备具有独立的安全标准。充满 Mirai 的储氢罐需要 3～5 min，在 JC08 工况下，Mirai 的氢储量可以支持 700 km 的续航里程。该车由 0～100 km/h 加速只需约 10 s。

Mirai 于 2018 年开始量产，预计 2020 年总产量达 3 万辆。丰田计划在 2025 年前让燃料电池汽车售价降至约 2 万美元 / 台。

2017 年，丰田公司在东京发布 FC 燃料电池巴士，同时在美国开始 FC 燃料电池大型商用卡车的试验。

2019 年 4 月，丰田宣布将通过 FC 系统集成商，向中国的商用车厂商提供 FC 组件，以此实现 FCV 在中国更大范围的普及。首个合作项目，丰田与北汽福田汽车公司及北京亿华通科技公司合作，将在福田生产及销售的 FC 大巴上搭载采用丰田 FC 电堆等零部件的亿华通 FC 系统。图 4-1-2 所示为丰田最新推出的燃料电池大巴 SORA。

2. 通用汽车公司

（1）通用汽车公司简介

通用汽车公司是美国数一数二的汽车公司，历史悠久、实力雄厚，1990 年起就开始研究燃料电池在汽车上的应用。

通用汽车公司在燃料电池汽车技术的

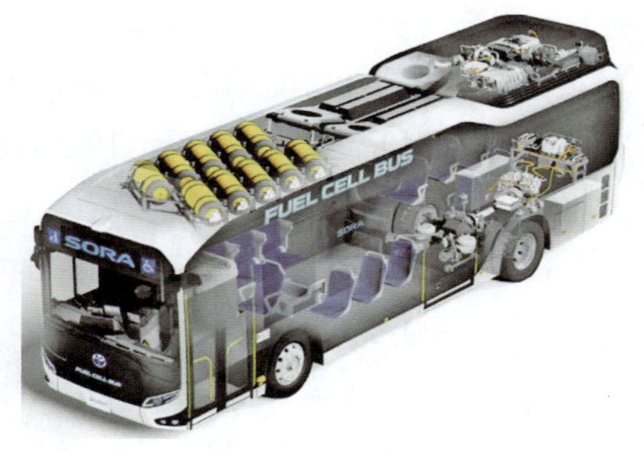

图 4-1-2　燃料电池大巴 SORA

三大核心技术方面的专利量均在全球排名靠前，其核心专利均布在燃料电池技术与燃料电池系统关键技术领域内，其中涉及热管理系统、气体通道、燃料供给、催化剂、膜电极、电解质、质子交换膜以及动力控制，而车载制氢方面的核心专利与储氢相关。

（2）燃料电池电动汽车发展现状

通用汽车在 1998 年建立了专门的研发机构开发燃料电池技术，2002 年，在日内瓦国际汽车展上推出"氢动一号"，该车配备了业界最先进的可使用汽车燃料的电池组；2004 年，"氢动三号"燃料电池原型车胜利完成欧洲马拉松式示范运行，横跨欧洲 14 个国家，行程为 9 696 km。

2005 年，通用汽车公司展示了 Chevrolet Sequel 氢燃料电池概念车（见图 4-1-3），其燃料电池装置及动力单元结构更简单，制造成本更低，燃料电池组能在 −20 ℃启动，在 15 s 内达到满功率运行，一次加氢可连续行驶 480 km，0～96 km/h 加速只需要 10 s。

图 4-1-3　Chevrolet Sequel 氢燃料电池概念车

2007 年，美国通用汽车公司秋季启动的 Project Driveway 计划，将 100 辆雪佛兰 Equinox 燃料电池汽车投放到消费者手中，2009 年总行驶里程达 160 万公里。同年，通用汽车宣布开发全新一代的氢燃料电池系统，新系统与雪佛兰 Equinox 燃料电池车上的燃料电池系统相比，体积缩小了一半，质量减轻了 100 kg，铂载量仅为原来的 1/3。

2017 年 1 月，美国通用汽车与日本汽车制造商本田宣布联合制造氢燃料电池系统的计划。双方分别出资 4 250 万美元于美国设立合资公司，计划量产的产品为燃料电池及其周边机器。

2018 年 1 月，通用汽车公司宣布将推出首个具有自主功能的 SURUS 军用无人驾驶燃料电池车辆通用底盘平台，如图 4-1-4 所示。配有通用汽车最新的 Hydrotec 燃料电池自主系统和卡车底盘组件，能够提供高性能以及零排放的推进力。凭借两款先进的电动驱动单元、四轮转向系统和锂离子电池系统，可以提供 645 km 的续航能力。

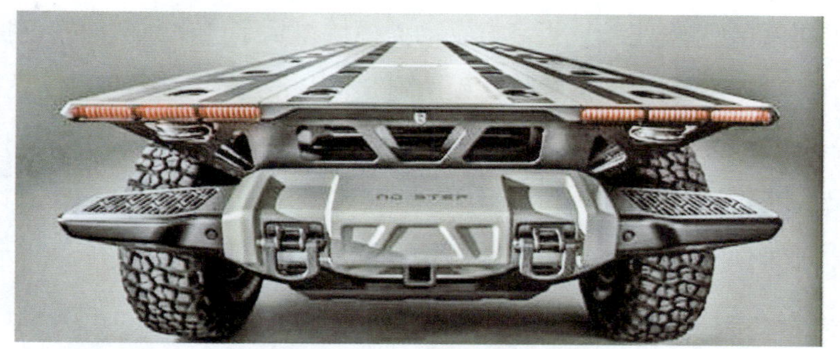

图 4-1-4 SURUS 军用无人驾驶燃料电池车辆通用底盘平台

3. 本田汽车公司

（1）本田汽车公司简介

本田汽车公司从上世纪 80 年代就开始研发燃料电池技术，在燃料电池专利申请人全球排名中，本田汽车位列第三。

（2）燃料电池电动汽车发展现状

1999 年，本田在东京车展展出了 FCX 燃料电池汽车，如图 4-1-5 所示。2008 年，本田正式推出 FCX Clarity 氢燃料电池汽车，其最大续航里程为 382 km，如图 4-1-6 所示。2016 年 3 月，本田又在 FCX 和 FCX Clarity 的基础上，推出了 5 座商用车 Clarity。

图 4-1-5 本田 FCX 燃料电池汽车

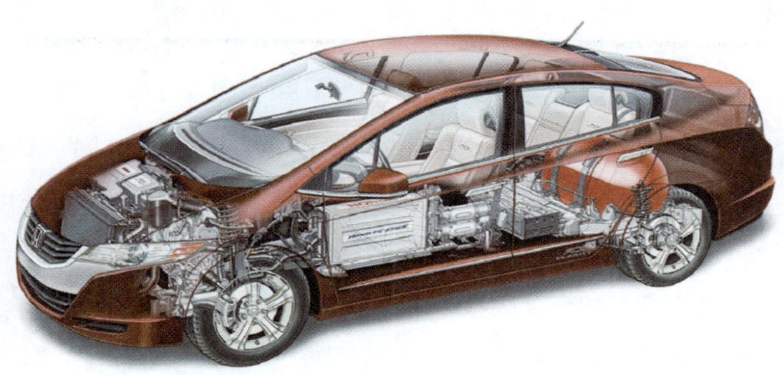

图 4-1-6 本田 FCX Clarity 氢燃料电池汽车

Clarity 的电池组位于座舱地板下方，动力模块得到了优化，电池密度提升了 60%，能够在 -30 ℃环境下顺利启动，续航里程达到 620 km，最大续航里程将达到 700 km，燃料电池堆功率密度达到 3 kW/L，最大功率为 100 kW，补充氢燃料仅需 3 min。

本田预计，2020 年将累计实现 4 万辆燃料电池汽车保有量，2025 年累计实现 20 万辆燃料电池汽车保有量，2030 年实现 80 万辆燃料电池汽车保有量。

4. 现代汽车公司

（1）现代汽车公司简介

韩国现代汽车公司从 1998 年开始研发燃料电池汽车，2005 年采用巴拉德的电堆组装了 32 辆运动型 SUV，实现了燃料电池系统的国产化。

（2）燃料电池电动汽车发展现状

现代汽车公司于 2006 年推出了自主研发的第一代电堆，组装了 30 辆 SUV、4 辆大客车，并进行了示范运行。2009—2012 年，现代开发了第二代电堆，组装了 100 辆 SUV，开始在国内进行示范和测试，并对电堆性能进行改进。

2012 年，推出了第三代燃料电池 SUV 和客车，开始进行全球示范。2013 年，韩国现代推出燃料电池汽车途胜 iX35（见图 4-1-7），在全球率先进入燃料电池千辆级别的小规模生产阶段。

图 4-1-7　途胜 iX35（燃料电池汽车）

途胜 iX35 采用 100 kW 的燃料电池、24 kW 的锂离子电池、100 kW 的电机，70 MPa 的储氢瓶可以储存 5.6 kg 的氢气，在 NEDC 循环工况下续航里程为 588 km，最高车速为 160 km/h。2015 年，该燃料电池发动机被评为沃德（Ward）北美年度十佳量产发动机之一，这也是燃料电池发动机首次入选。

为了发展燃料电池汽车，2017 年，现代汽车旗下的摩比斯兴建了一家工厂，力求实现氢燃料电池汽车零部件的量产。该工厂的动力总成燃料电池套件年产能为 3 000 台。

在 2018 年北京车展上，现代汽车展出了新一代氢燃料电池汽车 NEXO(见图 4-1-8)，采用现代燃料电池系统第四代技术，在 -30 ℃的极限环境仍能正常启动，充电 5 min 即可实现 590 km 以上的世界最高水平续航里程。此外，NEXO 还首次应用了设计成三槽一体化的氢存储系统，通过最优化的排布，获得与同级内燃机汽车水平相当的宽敞载物空间。

图 4-1-8　新一代氢燃料电池汽车 NEXO

2018 年，现代汽车公布了“燃料电池电动车 2030 展望”（FCEV Vision 2030）计划，现代汽车及其供应商体系将投资 7.6 万亿韩元，用于燃料电池系统研发和相关配套设施。计划公布的当天，现代汽车的子公司现代摩比斯在韩国忠州市举行了第二个燃料电池厂的开工仪式。

2019 年 2 月，韩国现代汽车公司宣布，截至 2022 年将在全球市场销售 1 万辆 NEXO 氢燃料电池汽车。这款氢燃料电池汽车将在韩国国内发售，年内会销往欧洲等主要市场。

三、燃料电池技术与燃料电池电动汽车

1. 燃料电池技术

燃料电池是一种把燃料（如氢气和氧化剂）所具有的化学能直接转换成电能的化学装置，又称电化学发电器。燃料电池是一种不经过燃烧过程的高效电化学能转换装置。

（1）燃料电池的发电原理

燃料电池电动汽车（FCV）是一种用车载燃料电池装置产生的电力作为动力的汽车。车载燃料电池装置所使用的燃料为高纯度氢气或含氢燃料经重整所得到的高含氢重整气。

与通常的电动汽车相比，其动力方面的不同在于 FCV 用的电力来自车载燃料电池装置，电动汽车所用的电力来自由外界电网充电的蓄电池。因此，FCV 的关键是燃料电池。

虽然燃料电池名字里面有“燃料”字样，同时氢气也能够与氧气在一起剧烈燃烧，但燃料电池却不是利用燃烧来获取能量的，而是利用氢气与氧气化学反应过程中的电荷转移来形成电流的，这一过程最关键的技术就是利用特殊的“电解质薄膜”将氢气拆分，电解质薄膜也是燃料电池领域最难攻克的技术壁垒。

燃料电池的发电原理如图 4-1-9 所示。在电池的阳极（燃料极）输入氢气，氢分子（H_2）在阳极催化剂作用下被离解成为氢离子（H+）和电子（e-）。因为氢分子体积小，可以透过电解质薄膜的微小孔洞游离到对面去，但是在穿越孔洞的过程中，电子（e-）被从分子上剥离，只留下带正电的氢离子（H+）通过，e- 因通不过电解质层而由一个外部电路流向阴极；H+ 穿过燃料电池的电解质薄膜向阴极（氧化极）方向运动。在电池阴极输入氧气（O_2），氧气在阴极催化剂作用下被离解成为氧原子（O），与通过外部电路流向阴极的 e- 和燃料穿过电解质的 H+ 结合生成稳定结构的水（H_2O），完成电化学反应放出热量。从本质上来讲，整个运行过程就是发电过程。

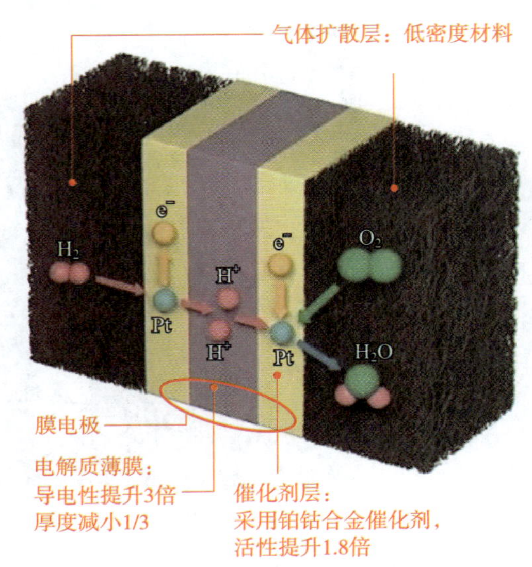

图 4-1-9　燃料电池的发电原理

这种电化学反应与氢气在氧气中发生的剧烈燃烧反应是完全不同的，只要阳极不断输入氢气，阴极不断输入氧气，电化学反应就会连续不断地进行下去，e- 就会不断通过外部电路流动形成电流，从而连续不断地向汽车提供电力。与传统的导电体切割磁力线的回转机械发电原理也完全不同，这种电化学反应属于一种没有物体运动就能获得电力的静态发电方式。因而，燃料电池具有效率高、噪声低、无污染物排出等优点，这确保了 FCV 成为真正意义上的高效、清洁汽车。

为满足汽车的使用要求，车用燃料电池还必须具有高比能量、低工作温度、启动快、无泄漏等特性，在众多类型的燃料电池中，质子交换膜燃料电池（PEMFC）完全具备这些特性，所以 FCV 所使用的燃料电池都是 PEMFC。

（2）燃料电池的特点

燃料电池汽车属于电动汽车，与纯电动汽车相比，它的充电过程时间更短。例如，氢燃料电池汽车可以在 5 min 内充满氢气，而不用等上几个小时。与普通化学电池相比，燃料电池可以补充燃料，通常是补充氢气。一些燃料电池能使用甲烷和汽油作为燃料，但通常限制在电厂和叉车等工业领域使用。

燃料电池系统包括电堆、供氢系统、进风系统、冷却系统、加注系统和控制系统等。目前，国产燃料电池技术与国外技术尚有差距，其中核心部件就是电堆。

从技术发展现状看，制约燃料电池技术应用的瓶颈主要包括以下几个方面。

1）电堆耐久性差。国内多数在售产品的耐久性在 3 000~5 000 h 之间，国外产品在 8 000 h 左右。这意味着在长时间使用情况下（如公交车），可能 2~3 年就需要更换电堆。

2）生产成本过高。目前，燃料电池系统占整车成本的 65% 左右，而电堆成本又超过电池系统的 60%，其中质子交换膜、铂催化剂等造价不菲。此外，氢气容易渗漏，所以对电池的密封性要求极为严格，造成维护困难，启动需要预热时间等，这些都影响燃料电池的商业化进程。

2. 燃料电池电动汽车的结构

丰田 Mirai 燃料电池电动汽车的内部结构如图 4-1-10 所示，主要由燃料电池堆、储能电池、高压储氢罐、驱动电机、动力控制装置和升压变频器组成。升压变频器能够将电压升高到 650 V。

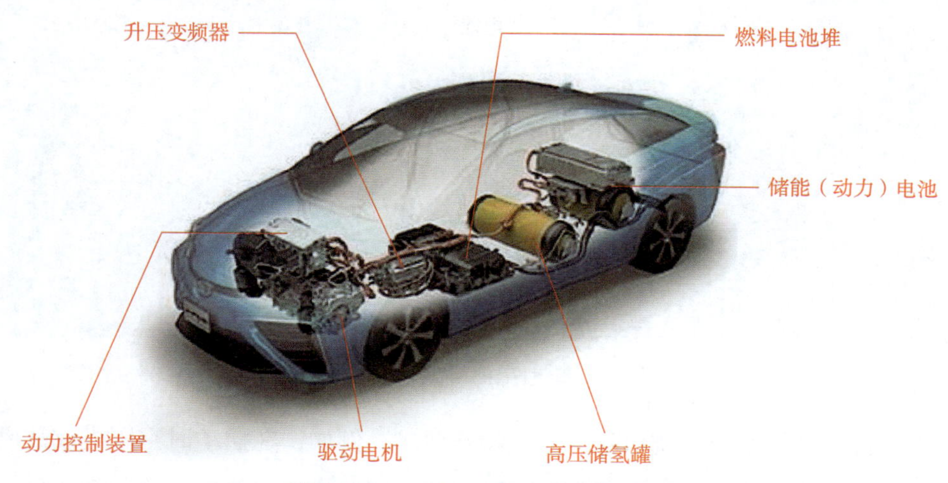

图 4-1-10　丰田 Mirai 的内部结构

图 4-1-11 所示为丰田 Mirai“燃料电池 + 动力电池”（FC+B）混合驱动型动力系统结构图。Mirai 的工作原理是通过电解水制氢，再把氢气加入车内发生化学反应，由驱动电机为车辆提供动力。

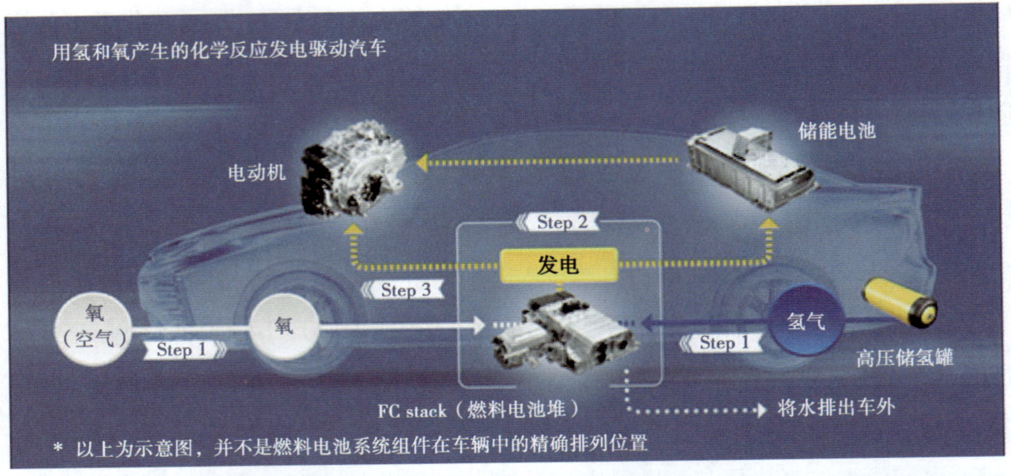

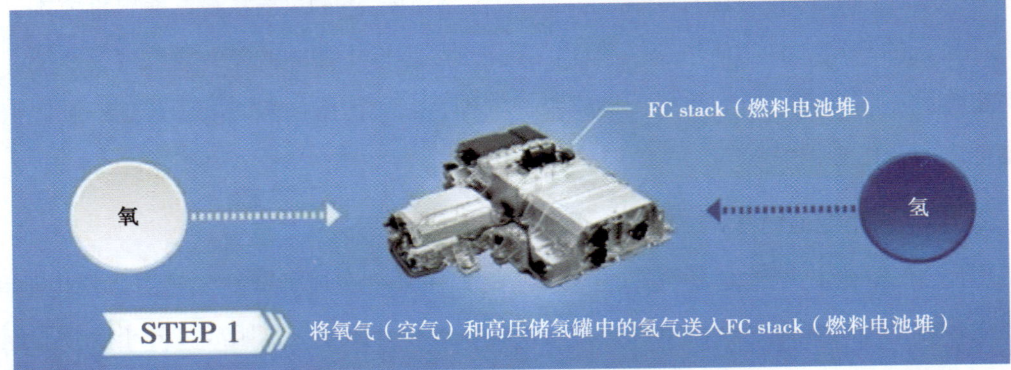

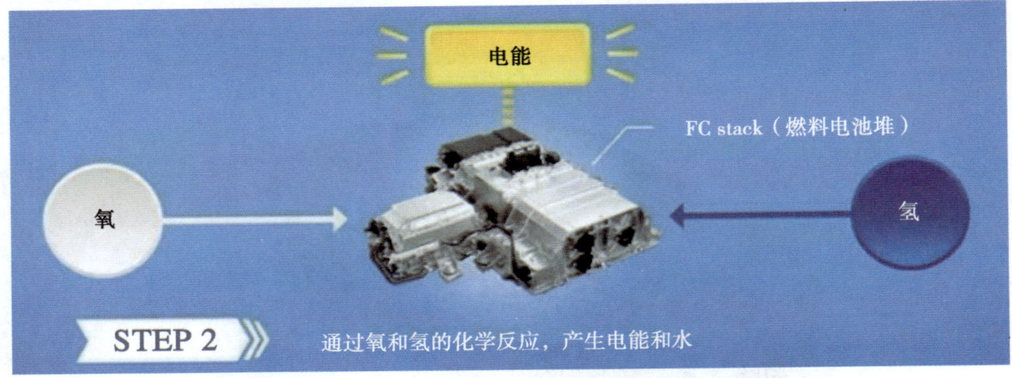

图 4-1-11　燃料电池汽车动力系统结构图

考虑到目前燃料电池系统自身的一些特殊要求，例如，在启动时空压机或鼓风机需要供电，电堆需要加热，氢气和空气需要加湿等，同时也为了能够回收制动能量，因而将动力电池和燃料电池堆组合起来形成混合驱动型动力系统。该系统降低了对燃料电池的功率和动态特性的要求，同时也降低了燃料电池系统的成本，但却增加了驱动系统的重量、体积和复杂性，从而增加了燃料电池的维护、更换费用。

3. 燃料电池混合动力电动汽车的类型

根据燃料电池所提供的功率占整车总需求功率的比例不同，燃料电池混合动力电动汽车可分为能量混合型和功率混合型两大类。

（1）能量混合型燃料电池电动汽车

在燃料电池电动汽车开发早期，由于技术水平的限制，燃料电池的功率较小，难以满足车辆的功率需求。在车辆行驶过程中，燃料电池只能提供整车功率需求的一部分，不足的部分还需要其他动力源（如动力蓄电池）来提供，采用这种混合驱动形式的汽车即为能量混合型燃料电池电动汽车。

能量混合型燃料电池电动汽车为了满足一定的性能指标，往往需要配备较大容量的电池组，从而导致整车的自重增加、动力性变差、布置空间紧张。能量混合型燃料电池电动汽车的燃料电池可以经常在系统效率较高的额定功率区域内工作。但每次运行结束后，除了要加注氢燃料外，还需要用地面电源为电池充电。

（2）功率混合型燃料电池电动汽车

随着燃料电池技术的不断成熟，燃料电池性能的逐渐提高，燃料电池所提供的功率越来越大，这样就可以减少动力蓄电池的容量，从而减轻车重、提高动力性等。但为了回收制动能量，还需要一定数量的动力蓄电池，但动力蓄电池只提供整车所需功率中很小的一部分。燃料电池作为主动力源，动力蓄电池作为辅助动力源，车辆需要的功率主要由燃料电池提供，动力蓄电池只是在燃料电池启动、汽车爬坡和加速时提供功率，在汽车制动时回收制动能量。采用这种混合驱动形式的汽车即为功率混合型燃料电池电动汽车。

思考与练习

1. 简述燃料电池电动汽车的定义。
2. 简述燃料电池电动汽车的组成。
3. 丰田 Mirai 属于哪一类型的燃料电池动力系统？
4. 质子交换膜燃料电池的发电原理是什么？

课题二 | 先进驾驶辅助系统

学习目标

1. 了解先进驾驶辅助系统的定义。
2. 了解先进驾驶辅助系统的分类。
3. 了解先进驾驶辅助系统所需传感器及应用。

想一想

安全问题不管在哪个行业，都是不容忽视的重点问题，而在汽车行业内，更是受到生产者和消费者的高度重视，从最初的安全气囊，到如今的驾驶辅助配置，都体现出安全这两个字的重要性。现在，在许多品牌的高端车型、行车记录仪或者智能云镜的配置中会听到关于“ADAS”的介绍。ADAS有预测和规避风险的强大功能。ADAS（见图4-2-1）到底是指什么？它又是如何在汽车行驶中规避风险的呢？

图4-2-1 先进驾驶辅助系统（ADAS）的应用

一、先进驾驶辅助系统的定义

先进驾驶辅助系统（ADAS，Advanced Driver Assistance System）也叫高级驾驶辅助系统，是利用安装在车辆上的传感、通信、决策及执行等装置（如毫米波雷达、激光雷达、单 / 双目摄像头以及卫星导航），监测驾驶员、车辆及其行驶环境，收集数据，进行静态、动态物体的辨识、侦测与追踪，并结合导航仪地图数据，进行系统的运算与分析，通过影像、灯光、声音、触觉提示 / 警告或控制等方式辅助驾驶员执行驾驶任务或主动避免 / 减轻碰撞危害的各类系统的总称。

ADAS 能有效增加汽车驾驶的舒适性和安全性。这类系统原来仅局限于高端市场，现在正在逐渐进入中端市场。

二、先进驾驶辅助系统的功能

先进驾驶辅助系统（ADAS）标准中将技术路线类似的 ADAS 术语相邻排序，总体分成信息辅助类与控制辅助类两大类别。信息辅助类功能包括“驾驶员疲劳监测”等 21 项，见表 4-2-1；辅助控制类功能包括“自动紧急制动”等 16 项，见表 4-2-2。

表 4-2-1　　ADAS 信息辅助类功能（预警系统）

序号	功能名称	说明
1	驾驶员疲劳监测	实时监测驾驶员状态，并在确认其疲劳时发出提示信息
2	驾驶员注意力监测	实时监测驾驶员状态，并在其注意力分散时发出提示信息
3	交通标志识别	自动识别车辆行驶路段的交通标志，并发出提示信息
4	智能限速提醒	自动获取车辆当前条件下所应遵守的限速信息，并实时监测车辆行驶速度，在车辆行驶速度不符合或即将超出限速范围的情况下，适时发出警告信息
5	弯道速度预警	对车辆状态和前方弯道进行监测，当行驶速度超过通过弯道的安全车速时发出警告信息
6	抬头显示	将信息显示在驾驶员正常驾驶时的视野范围内，使驾驶员不必低头就可以看到相应的信息
7	全景影像监测	向驾驶员提供车辆周围 360° 范围内环境的实时影像信息
8	夜视	在夜间或其他弱光行驶环境中为驾驶员提供视觉辅助或警告信息
9	前向车距监测	实时监测本车与前方车辆车距，并以空间或时间距离显示车距信息
10	前向碰撞预警	实时监测车辆前方行驶环境，并在可能发生前向碰撞危险时发出警告信息
11	后向碰撞预警	实时监测车辆后方环境，并在可能受到后方碰撞时发出警告信息
12	车道偏离预警	实时监测车辆在本车道的行驶状态，并在出现非驾驶意愿的车道偏离时发出警告信息

续表

序号	功能名称	说明
13	变道碰撞预警	在车辆变道过程中，实时监测相邻车道，并在车辆侧/后方出现可能与本车发生碰撞危险的其他道路使用者时发出警告信息
14	盲区监测	实时监测驾驶员视野盲区，并在其盲区内出现其他道路使用者时发出提示或警告信息
15	侧面盲区监测	实时监测驾驶员视野的侧/后方盲区，并在其盲区内出现其他道路使用者时发出提示或警告信息
16	转向盲区监测	在车辆转向过程中，实时监测驾驶员转向盲区，并在其盲区内出现其他道路使用者时发出警告信息
17	后方交通穿行提示	在车辆倒车时，实时监测车辆后部横向接近的其他道路使用者，并在可能发生碰撞危险时发出警告信息
18	前方交通穿行提示	在车辆低速前进时，实时监测车辆前部横向接近的其他道路使用者，并在可能发生碰撞危险时发出警告信息
19	车门开启预警	在停车状态即将开启车门时，监测车辆侧后方的其他道路使用者，并在可能因车门开启而发生碰撞危险时发出警告信息
20	倒车环境辅助	在车辆倒车时，实时监测车辆后部环境，并为驾驶员提供影像或警告信息
21	低速行车环境辅助	在车辆泊车或低速通过狭窄通道时，探测其周围障碍物，并当车辆靠近障碍物时发出警告信息

表 4-2-2　　ADAS 控制辅助类功能（辅助控制）

序号	功能名称	说明
1	自动紧急制动	实时监测车辆前方行驶环境，并在可能发生碰撞危险时自动启动车辆制动系统使车辆减速，以避免碰撞或减轻碰撞后果
2	紧急制动辅助	实时监测车辆前方行驶环境，在可能发生碰撞危险时提前采取措施以减少制动响应时间，并在驾驶员采取制动操作时辅助增加制动压力，以避免碰撞或减轻碰撞后果
3	自动紧急转向	实时监测车辆前方和侧方行驶环境，在可能发生碰撞危险时自动控制车辆转向，以避免碰撞或减轻碰撞后果
4	紧急转向辅助	实时监测车辆前方和侧方行驶环境，在可能发生碰撞危险且驾驶员有明确的转向意图时，辅助驾驶员进行转向操作
5	智能限速控制	自动获取车辆当前条件下所应遵守的限速信息，并实时监测车辆行驶速度，辅助驾驶员控制车辆行驶速度，以使其保持在限速范围之内

续表

序号	功能名称	说明
6	车道保持辅助	实时监测车辆与车道线的相对位置，持续或在必要情况下介入车辆横向运动控制，使车辆保持在原车道内行驶
7	车道居中控制	在车辆行驶过程中，持续自动控制车辆横向运动，使车辆始终在车道中央区域内行驶
8	车道偏离抑制	实时监测车辆与车道线的相对位置，在其将要超出车道线时介入车辆横向运动控制，以辅助驾驶员将车辆保持在原车道内行驶
9	智能泊车辅助	在车辆泊车时，自动检测泊车空间并为驾驶员提供泊车指示和方向控制等辅助功能
10	自适应巡航控制	实时监测车辆前方行驶环境，在设定的速度范围内自动调整行驶速度，以适应前方车辆和道路条件等引起的驾驶环境变化
11	全速自适应巡航控制	实时监测车辆前方行驶环境，在设定的速度范围内自动调整行驶速度并具有减速至停止及从停止状态起步的功能，以适应前方车辆和道路条件等引起的驾驶环境变化
12	交通拥堵辅助	在车辆低速通过交通拥堵路段时，实时监测车辆前方及相邻车道行驶环境，经驾驶员确认后自动对车辆进行横向和纵向控制
13	加速踏板防误踩	在车辆起步或低速行驶时，因驾驶员误踩加速踏板产生紧急加速而可能与周边障碍物发生碰撞时，自动抑制车辆加速
14	酒精闭锁	在车辆启动前测试驾驶员体内的酒精含量，并在酒精含量超标时闭锁车辆动力系统开关
15	自适应远光灯	能够自适应地调整车辆远光灯的投射范围，以减少对前方或对向其他车辆驾驶员的炫目干扰
16	自适应前照灯	能够自动进行近光灯或远光灯控制或切换，从而为适应车辆各种使用环境提供不同类型的光束

三、先进驾驶辅助系统与自动驾驶的关系

ADAS 不是自动驾驶，这两者的研究重点完全不同。ADAS 是辅助驾驶，核心是环境感知，而自动驾驶则是人工智能，两者的体系有很大差别。不过 ADAS 也可以视作自动驾驶汽车的前提。从 ADAS（辅助驾驶）到完全自动化（自动驾驶）是一个逐步递进的关系，见表 4-2-3。

表 4-2-3　ADAS 与自动驾驶的关系

SAE 分级	SAE 称谓	SAE 定义	转向和变速操作	监控驾驶环境	极端驾驶情况的应对	系统作用范围
0	无自动化	人类驾驶员完成所有的驾驶操作，系统只起到警告和辅助的作用	人类驾驶员	人类驾驶员	人类驾驶员	无
1	辅助驾驶	辅助系统完成转向或变速中的一项操作，其他所有驾驶操作由人类驾驶员完成	人类驾驶员或系统	人类驾驶员	人类驾驶员	部分
2	部分自动化	辅助系统完成转向和变速两项操作，其他所有驾驶操作由人类驾驶员完成	系统	人类驾驶员	人类驾驶员	部分
3	有条件自动化	自动驾驶系统完成所有驾驶操作，需要人类驾驶员恰当地应答系统的请求	系统	系统	人类驾驶员	部分
4	高度自动化	自动驾驶系统完成所有驾驶操作，不一定需要人类驾驶员恰当地应答系统的请求	系统	系统	系统	部分
5	完全自动化	自动驾驶系统达到人类驾驶水平，可处理任何道路和环境的驾驶情况	系统	系统	系统	全部

四、汽车主被动安全系统方案

ADAS 具有主动和被动两种安全方案，汽车主被动安全系统方案对事故发生的影响如图 4-2-2 所示。

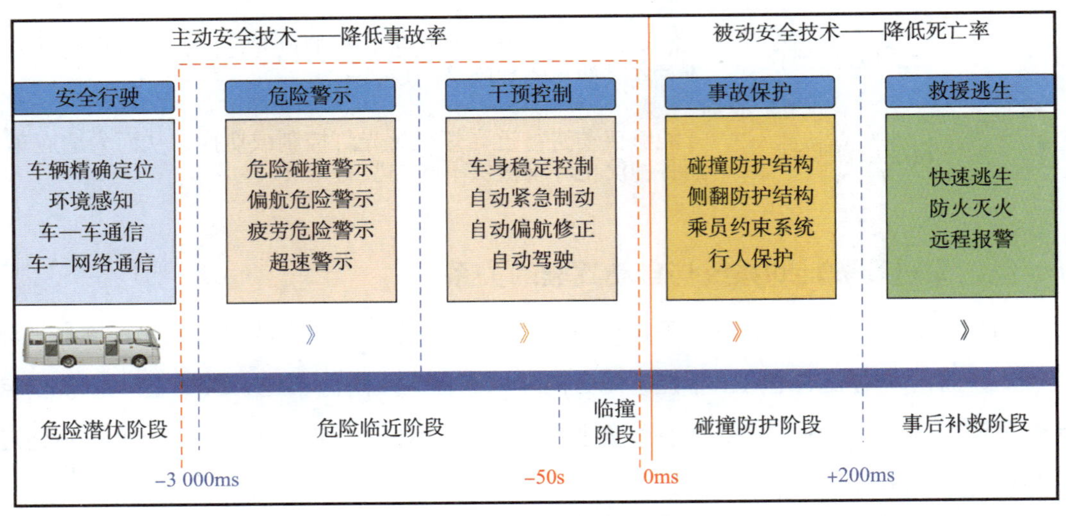

图 4-2-2　汽车主被动安全系统方案对事故发生的影响

五、先进驾驶辅助系统的传感器

1. 图像传感器——摄像头

摄像头在汽车上的应用如图 4-2-3 所示。

摄像头属于各种 ADAS 预警与控制功能的重要传感器，其主要功能如下：

（1）监视：包括可视倒车、环视系统，可对司机、车门、车前、车后、车内、车外等位置进行监控。

（2）检测预警：对驾驶员行为进行检测等。

（3）测量与识别：车辆前方目标识别与目标动态参数测量。

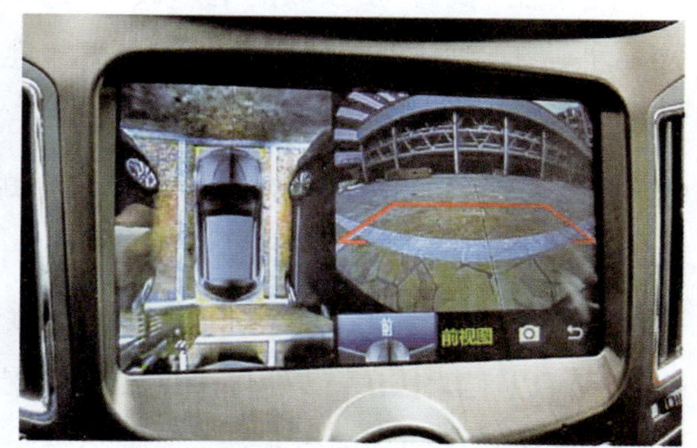

图 4-2-3 摄像头在汽车上的应用

2. 超声波雷达

超声波雷达的工作原理是通过送波器将超声波（振动频率 >20 kHz 的声波）向对象物发送，受波器接收这种反射波，从接收反射波的有无、多少或从发送超声波到接收反射波所需的时间与超声波速度的关系，来检测对象物的有无或传感器与对象物之间的距离。

车上常见的超声波雷达一般有低速辅助功能，如倒车雷达、辅助泊车、自动泊车等。超声波雷达的应用如图 4-2-4 所示。

图 4-2-4 超声波雷达的应用

3. 毫米波雷达

频率在 10～200 GHz 的电磁波，由于其波长在毫米量级，因此处于该频率范围内的电磁波也被工程师们称为毫米波。

应用在辅助驾驶领域的毫米波雷达主要有 3 个频段，分别是 24 GHz、77 GHz 和 79 GHz。不同频段的毫米波雷达有不同的性能。

（1）短距离雷达：24 GHz 频段。由于检测距离有限，因此常用于检测近处的障碍物（车辆），能够实现的 ADAS 功能有盲点检测、变道辅助等。在自动驾驶系统中常用于感知车辆近处的障碍物，为换道决策提供感知信息。

（2）长距离雷达：77 GHz 或 79 GHz 频段。性能良好的 77 GHz 频段雷达的最大检测距离可以达到 160 m 以上，因此常被安装在前保险杠上，正对汽车的行驶方向。长距离雷达能够用于实现紧急制动、高速公路跟车等 ADAS 功能，同时也能满足自动驾驶领域对障碍物距离、速度和角度的测量需求。

毫米波雷达的应用如图 4-2-5 所示。目前，各个国家对车载防撞雷达分配的专属频段有所不同，主要集中在 24 GHz 和 77 GHz 频段。由于 77 GHz 频段相对于 24 GHz 频段有诸多优势，未来全球车载雷达频段会趋同于 77 GHz 频段（76～81 GHz）。

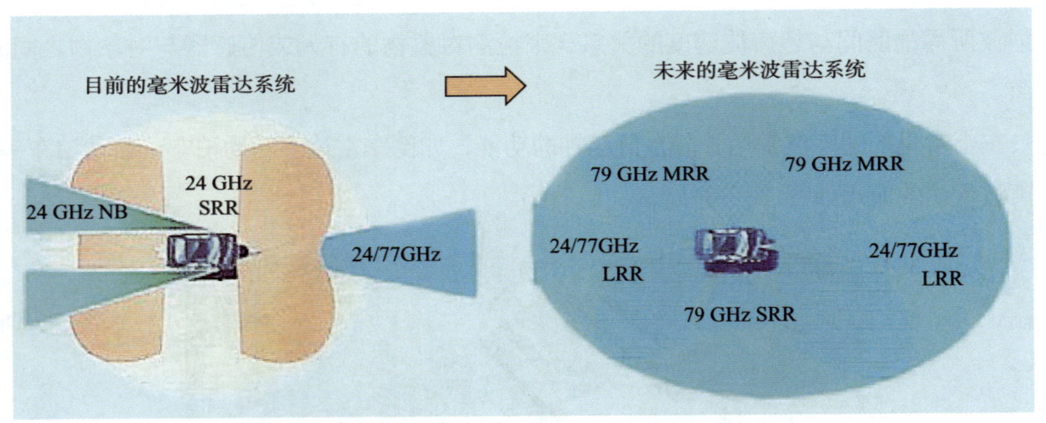

图 4-2-5　毫米波雷达的应用

4. 激光雷达

（1）激光雷达的工作原理

激光雷达的发射器发射出一束激光，激光光束遇到物体后，经过漫反射，返回至激光接收器，雷达模块根据发送和接收信号的时间间隔乘以光速，再除以 2，即可计算出发射器与物体之间的距离，如图 4-2-6 所示。激光雷达成像效果如图 4-2-7 所示。

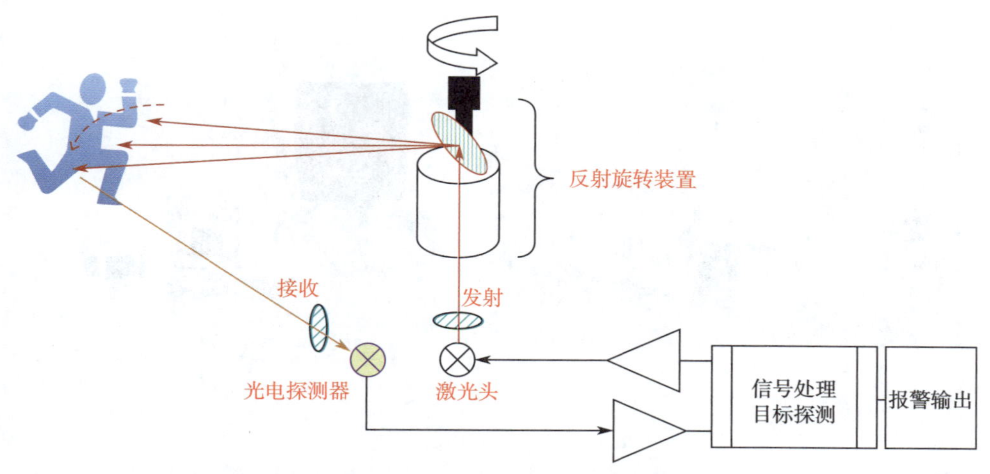

图 4-2-6 激光雷达的工作原理

图 4-2-7 激光雷达成像效果

（2）激光雷达的分类

根据安装位置不同，激光雷达分为两类。一种是安装在车的四周的激光雷达（见图 4-2-8a），其激光线束一般小于 8 线，常见的有单线激光雷达和四线激光雷达。另一种是安装在车顶的激光雷达，其激光线束一般不小于 16 线，常见的有 16/32/64 线激光雷达（见图 4-2-8b）。16/32/64 线激光雷达的感知范围为 360°，可以感知 100～120 m 范围内的物体。16/32/64 线激光雷达的价格较高，售价为 1 万～8 万美元。

5. MEMS 陀螺仪（IMU）

MEMS 陀螺仪（IMU）主要是根据重力和惯性的原理，检测六个方向的加速度和角速度，从而进行物体空间定位的部件，如图 4-2-9 所示。

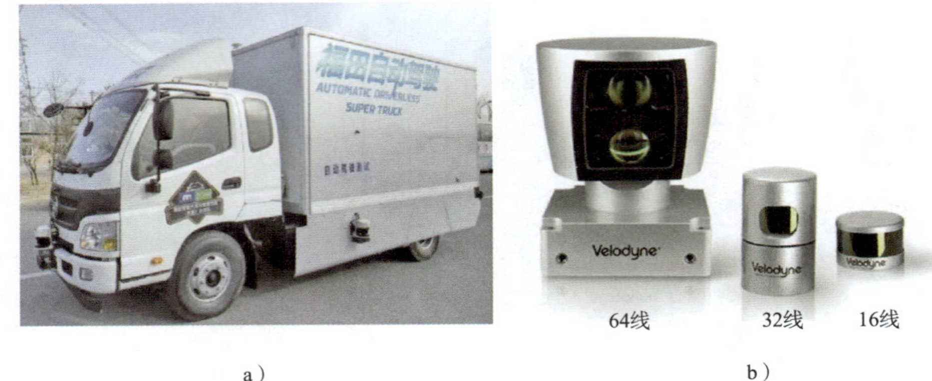

图 4-2-8 激光雷达的应用

a）4 个单线激光雷达置于无人车的前后左右 b）16/32/64 线激光雷达

按照精度不同，陀螺仪可以分为低精度、中精度和高精度三种，低精度用于消费电子产品，如手机、硬盘保护器等；中精度用于汽车类产品，如防盗系统、汽车安全气囊等；高精度一般为宇航级产品，如高铁轨道测量、中远程导弹装置等。

+Z
+Y
+Y
MPU-6000
MPU-6050
+X
+X

图 4-2-9 陀螺仪（IMU）

六、先进驾驶辅助系统预警系统

1. 向前碰撞预警（FCW）功能

（1）功能描述

实时监测车辆前方行驶环境，并在可能发生前向碰撞危险时发出警告信息，如图 4-2-10 所示。

图 4-2-10 向前碰撞预警（FCW）功能

(2) 退出条件

1) 驾驶员主动踩制动踏板。

2) 驾驶员主动打转向换道。

3) 车辆行驶速度 <10 km/h。

2. 向前车距监测 (FDW) 功能

(1) 功能描述

实时监测本车与前方车辆车距，并以空间或时间距离显示车距信息，如图 4-2-11 所示。

图 4-2-11 向前车距监测 (FDW) 功能

(2) 工作条件

1) 驾驶员使用 FDW 功能，且系统未处于静音状态。

2) 车辆行驶车速≥50 km/h (可根据客户需求更改)。

3) 车辆无其他功能相关车辆信号故障。

(3) 退出条件

1) 驾驶员主动踩制动踏板。

2) 驾驶员主动打转向换道。

3) 车辆行驶速度≤50 km/h。

3. 车道偏离预警 (LDW) 功能

(1) 功能描述

实时监测车辆在本车道的行驶状态，并在出现非驾驶意愿的车道偏离时发出警告信息，如图 4-2-12 所示。

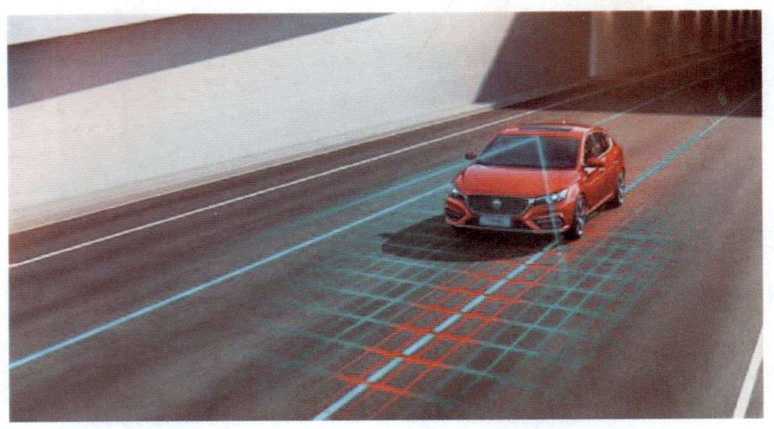

图 4-2-12　车道偏离预警（LDW）功能

（2）工作条件

1）驾驶员使用 LDW 功能。

2）车辆行驶速度≥45 km/h（可根据客户需求更改）。

3）车辆无其他功能相关车辆信号故障。

（3）退出条件

1）驾驶员主动打转向换道。

2）车辆行驶速度 <40 km/h。

思考与练习

1. 简述先进驾驶辅助系统的定义。

2. 先进驾驶辅助系统具有哪些功能？

3. 简述 ADAS 与自动驾驶的关系。

4. 先进驾驶辅助系统中应用了哪些传感器？各有什么作用？